10 passos
PARA UMA VIDA PLENA

WILLIAM DOUGLAS ○ JUNIOR ROSTIROLA

10 passos

PARA UMA VIDA PLENA

À LUZ DOS MANDAMENTOS BÍBLICOS

vélos

Editora Vélos
Itajaí - Santa Catarina
Tel.: 47 3083-8555
contato@editoravelos.com.br
www.editoravelos.com.br

Direção geral
Junior Rostirola

Editor responsável
Michele Rostirola de Lima

Editor-assistente
Joshua Santos

Supervisão editorial
Marcos Vinicius Ferreira

Produção editorial
Águia Editorial

Copidesque
Josemar Pinto
Manuela Condack

Revisão de provas
Carolyne Larrúbia
Manuela Condack

Projeto gráfico e diagramação
Luciana Di Iorio

Capa
Jonatas Ilustre

Impressão e acabamento
Ipsis Gráfica

Dados Internacionais de Catalogação na Publicação (CIP)
(Câmara Brasileira do Livro, SP, Brasil)

Douglas, William
10 passos para uma vida plena : a luz dos mandamentos bíblicos / William Douglas, Junior Rostirola. -- Itajaí, SC : Editora Vélos, 2025.

ISBN 978-65-85930-39-0

1. Bíblia - Ensinamentos 2. Dez Mandamentos 3. Literatura devocional I. Rostirola, Junior. II. Título.

25-270687 CDD-241.52

Índices para catálogo sistemático:

1. Dez Mandamentos : Teologia moral 241.52
Eliete Marques da Silva - Bibliotecária - CRB-8/9380

Sumário

PARTE 2
Os Dez Mandamentos para uma vida melhor

Prefácio

Em uma existência assombrosamente breve para ser vivida e dramaticamente longa para se errar, um dos maiores erros que os seres humanos de todos os povos e culturas cometem é não deixar um legado, ainda que pequeno, para contribuir com a humanidade. E o melhor legado é dar o melhor de nós para fazer os outros felizes e saudáveis, como nos ensinou ampla e irrestritamente o homem mais inteligente da história, Jesus Cristo! Por isso, a maior definição que encontrei ao longo da minha jornada como pensador da psiquiatria e psicologia — e como, provavelmente, o primeiro a pesquisar e escrever sobre a insondável mente de Cristo — foi: "nunca alguém tão grande se fez tão pequeno para tornar os pequenos grandes"! Essa reflexão me levou a mergulhar profundamente na origem da existência e no caráter daquele que moldou toda a criação.

Quem é o autor da existência? Por que ele se esconde atrás da cortina do tempo e do espaço? Como é seu caráter? Por que ele é tão discreto que parece não existir e tão presente que parece reivindicar sua presença a cada instante nas nuances de cada flor, nas lágrimas que se encenam no teatro do rosto e no sorriso que torna a vida o maior espetáculo, mesmo quando não há aplausos?

Nada intrigou a mente humana ao longo da história mais que Deus. Independentemente da raça, sociedade ou cultura, todos falam dele e de alguma forma o procuram. Nem os ateus conseguem fugir do tema Deus. Todas as tentativas de negá-lo ou desconstruí-lo são um testemunho solene da sua importância. Posso falar isso com certa segurança, porque fui um dos maiores ateus que pisaram nesta terra. Para mim, Deus era fruto de um cérebro apaixonado pela vida e que resistia ao seu caos na solidão de um túmulo. Mas quando estudei a inteligência de Cristo sob o ângulo da ciência (Psiquiatria, Psicologia, Sociologia e Psicopedagogia), meu ateísmo implodiu. Percebi que ele não cabe no imaginário humano.

A partir desse momento, a busca por Deus deixou de ser para mim uma atitude de pequeno intelectual e passou a ser um ato inteligentíssimo do psiquismo humano. Entretanto, nessa trajetória, fiquei convicto de que o indivíduo que não é capaz de respeitar os diferentes não é digno da maturidade psíquica. A relação do ser humano com Deus, a despeito de uma religião, deveria irrigar a personalidade humana com altruísmo, solidariedade, generosidade, resiliência, capacidade de se pôr no lugar dos outros e de apostar tudo o que se tem naqueles que pouco têm. Jesus, como o maior educador da história, ensinava dia e noite essas matérias aos seus alunos ou discípulos. Mas, infelizmente, muitos ao longo das eras não aprenderam essas lições fundamentais.

O ser humano, por ter frequentemente a necessidade neurótica de poder e de evidência social, usa diversos meios para dominar os outros, não para libertá-los — uma atitude completamente diferente daquela que postulou em prosa e verso o Filho de Deus. Quando ele aliviava a dor física e emocional de alguém, suplicava que não propagandeassem seus feitos. Ele se doava sem esperar retorno. Proclamava que por trás de uma pessoa que fere há sempre uma pessoa ferida. Demonstrava que a maior "vingança" contra um inimigo é compreendê-lo e perdoá-lo. Atitudes nobilíssimas que fazem os inimigos serem reeditados em nossa memória. Como não ficar profundamente admirado com sua inteligência e maturidade emocional?

Nas entrelinhas das suas biografias, os chamados evangelhos, percebe-se a sua personalidade. Do mesmo modo, nas entrelinhas dos Dez Mandamentos é possível perceber a assinatura, o caráter, a intencionalidade, as teses fundamentais e os pensamentos subliminares do personagem mais misterioso, complexo, afetivo, discreto e, ao mesmo tempo, presente do teatro da existência: Deus. Os Dez Mandamentos promovem a liberdade responsável, a generosidade, a tolerância, a justiça social, a saúde das relações sociais — enfim, como os autores comentam, promovem a qualidade de vida e o sucesso em seus mais amplos sentidos.

William Douglas é um brilhante magistrado federal e um especialista em fenômenos como disciplina, memória e projetos de vida. Centenas de milhares de pessoas o leem e aprendem com ele a romper o caráter da rotina e a lutar com determinação para atingir suas metas e seus ideais.

Junior Rostirola, com uma trajetória que transita entre as dores da infância e a construção de uma fé madura, tem usado a palavra escrita como ferramenta de cura e despertar espiritual. Sua voz, repleta de empatia e propósito, ecoa entre milhões que encontram em suas reflexões não apenas consolo, mas também direção — uma bússola que aponta para o coração de um Deus presente, ainda que silencioso, e amoroso, mesmo nos vales mais escuros da alma.

Tinham de ser pessoas experientes e iluminadas para analisar as leis áureas contidas nos Dez Mandamentos. Tinham de ser mentes criativas para analisar as teses psíquicas e sociais do discretíssimo Autor da existência. Tinham de ser mentes inteligentes para analisar, ainda que com limitações, a mente mais brilhante. Tinha de ser alguém apaixonado pela vida e pela humanidade para aplicar os Dez Mandamentos no desenvolvimento da qualidade de vida em uma sociedade altamente estressante como é a nossa. Parabéns, William Douglas e Junior Rostirola, por esta bela obra — e parabéns ao leitor que tem o privilégio de lê-la.

AUGUSTO CURY
Psiquiatra, escritor, pesquisador da Psicologia, escritor com livros publicados em mais de sessenta países. Autor da Teoria da Inteligência Multifocal — que estuda o processo de construção de pensamentos e a formação de pensadores, analisada em nível de mestrado e doutorado.

Apresentação

No hebraico em que foi redigido o texto original do Antigo Testamento cristão (equivalente ao *Tanakh* dos judeus), o termo traduzido por *mandamento* é *mitzvah*, que significa, exatamente, *ordem*, *lei*, *ordenança*, *preceito* (Êxodo 24.12). Já no grego utilizado na redação do Novo Testamento, o vocábulo empregado é *entole* (cf. Mateus 22.36-40), que designa uma "ordem formal e explícita dada com autoridade". Isso mostra que os Dez Mandamentos são uma expressão da vontade e da determinação divinas. Só que, aos olhos do autossuficiente homem pós-moderno, o Decálogo parece uma limitadora e antiquada lista de proibições, estabelecida por um Deus desmancha-prazeres tirânico e mandão. É quando devemos nos perguntar: será?

Neste livro, você conseguirá enxergar os mandamentos além de suas aparências, ao lançar luz sobre o lado positivo e amoroso deles. Os preceitos de Deus são vistos por muitos como normas rígidas de um Pai autoritário, mas na verdade eles constituem o passaporte para uma vida equilibrada, harmoniosa e, consequentemente, feliz. Ao participar deste estudo, você fará uma jornada ao coração de Deus e será capaz de ver os Dez Mandamentos como uma demonstração de amor de um Pai gentil, carinhoso e devotado à humanidade.

A conseguinte percepção lógica e natural é que a obediência aos Dez Mandamentos abre as portas para relacionamentos saudáveis, equilíbrio e uma vida de paz e contentamento. Se você ainda tem qualquer dúvida quanto a isso, a leitura deste livro vai revelar que, por trás das duras tábuas de pedra em que o Decálogo foi talhado pelo próprio dedo de Deus, está uma das mais ternas declarações de amor já feitas em toda a história do Universo.

Boa leitura!

Maurício Zágari

Os Dez Mandamentos

Deus falou todas estas palavras:
— Eu sou o Senhor, o seu Deus, que o tirou do Egito, da casa da escravidão.

Não tenha outros deuses além de mim.

Não faça para você nenhum ídolo na forma de qualquer coisa no céu, na terra ou nas águas debaixo da terra.

Não se prostre diante deles nem lhes preste culto, porque eu, o Senhor, o seu Deus, sou Deus zeloso, que castigo os filhos pelo pecado dos pais até a terceira e a quarta geração daqueles que me odeiam, mas trato com amor leal até mil gerações aos que me amam e obedecem aos meus mandamentos.

Não tome o nome do Senhor, o seu Deus, em vão, pois o Senhor não deixará impune quem tomar o seu nome em vão.

Lembre-se do dia de sábado para santificá-lo. Trabalhe seis dias e neles faça todos os seus trabalhos, mas o sétimo dia é um sábado para o SENHOR, o seu Deus. Nesse dia, não faça trabalho algum, nem você, nem o seu filho, nem a sua filha, nem o seu servo, nem a sua serva, nem os seus animais, nem os estrangeiros residentes nas suas cidades. Porque em seis dias o SENHOR fez os céus e a terra, o mar e tudo o que neles há, mas, no sétimo dia, descansou. Por isso, o SENHOR abençoou o dia de sábado e o santificou.

Honre o seu pai e a sua mãe, a fim de que você tenha vida longa na terra que o SENHOR, o seu Deus, lhe dá.

Não assassine.

Não adultere.

Não furte.

Não dê falso testemunho contra o seu próximo.

Não cobice a casa do seu próximo. Não cobice a mulher do seu próximo, nem o seu servo, nem a sua serva, nem o seu boi, nem o seu jumento, nem coisa alguma que pertença ao seu próximo.

Êxodo 20.1-17

Introdução

A maioria de nós não entende nada de mecânica da aviação. Também não conhecemos o trajeto que devemos percorrer para sair de um aeroporto e pousar em segurança em outro. Muito menos fazemos ideia de como se comanda uma aeronave. Mas todos temos a certeza de que o piloto e a equipe de manutenção das companhias aéreas são dignos de confiança, caso contrário nem ao menos entraríamos no avião. É essa confiança que nos permite voar com tranquilidade.

Contudo, para que o voo transcorra em segurança, recebemos algumas orientações. Em princípio, parece sem muita importância o aviso de "desligar os telefones, afivelar os cintos e manter a poltrona na posição normal". Para nós, seria mais confortável decolar com o encosto reclinado e batendo um papo descontraído no celular com algum amigo ou parente. Só que um exame mais atento revela todo um cuidado especial por trás das instruções que a equipe de bordo repete a cada voo, que visam não a incomodar ou limitar, mas a proteger a integridade física dos passageiros.

Outra informação que sempre ouço nas minhas viagens é que, em caso de despressurização do avião, máscaras de oxigênio cairão automaticamente à nossa frente. A companhia aérea alerta que, havendo um menor de idade ao nosso lado, primeiro temos de colocar a máscara em nós e, só depois, cuidar dele. Isso não parece lógico dentro do princípio de "mulheres e crianças primeiro", mas é o mais indicado. Pois você pode desfalecer se colocar primeiro a máscara na criança, e aí ambos ficarão desprovidos dela! Minha terapeuta costuma dizer que "anêmicos não doam sangue". Em alguns casos, se não em todos, primeiro temos de estar bem para, só então, ser capazes de nos doar ou ajudar o próximo; *só pessoas curadas podem enfim ajudar a curar outras pessoas.*

Ninguém critica as companhias de aviação por dizer que não se pode fazer isso ou aquilo durante o voo. As proibições são, nesse caso, evidentemente voltadas para o bem-estar de quem está sendo limitado pelas orientações dadas. Com os dez mandamentos da fé cristã, registrados na Bíblia, ocorre um fenômeno parecido. Conhecemos bem as recomendações, mas basta alguém repetir uma delas para nos desconectarmos do papo. É possível (e provável!) que muitos tenham pulado a leitura dos Dez Mandamentos, na página anterior, e pensado "já conheço isso de cor e salteado. Onde o autor pretende chegar com esse discurso antigo e conservador?".

Sem perder o bom humor, devo concordar com esses dois adjetivos: *antigo* e *conservador*. Enquanto alguns livros nem sequer chegam à segunda edição, a Bíblia passou pelo teste do tempo. E as lições desse livro antigo — mas impressionantemente atual

— continuam a fornecer luz e direção a milhões de pessoas em todo o mundo. Os ensinamentos das Escrituras nos ajudam a conservar a saúde física, emocional e espiritual. É ou não um livro literalmente "conservador"?

Minha leitura dos Dez Mandamentos será muito pessoal — ou melhor, voltada para o seu aspecto pessoal. A ideia é você estar com oxigênio, bem, forte e sadio, para poder ser fonte de alegria e beneficiar quem estiver ao seu lado. Quer você seja ateu, quer judeu, quer evangélico, quer católico, quer muçulmano, ou professe outra fé, quero convidá-lo a esquecer durante a leitura deste livro a ideia de que os Dez Mandamentos foram criados com uma finalidade opressora ou que são exclusivos para seguidores desta ou daquela religião. Com essa abertura, poderemos examiná-los sob um novo paradigma: como um caminho para uma vida plena.

Para os cristãos, a Bíblia é um texto inspirado por Deus. Para outros, é apenas um livro de sabedoria (ainda que um dos melhores). Por fim, há quem veja nela somente historinhas e fantasias. Seja como for, os Dez Mandamentos sobreviveram por mais de três milênios, e a Bíblia, por mais de 1.600 anos depois de definido o Novo Testamento — e essa longevidade por si só já justifica um olhar atento sobre o que dizem. Mais do que isso, é enorme o número de pessoas que afirmam ter construído uma vida de paz e boas realizações, tendo os seus ensinamentos como base. Isso sempre me fez ter interesse pelo texto bíblico.

Todavia, apesar de tanta liberdade e abundância que temos na atualidade, o ser humano não parece feliz. Tem certa dose de bem-estar e desfruta de prazeres, mas vive esvaziado da autêntica alegria. Busca a satisfação rápida, que, em longo prazo, transforma-se em fracasso. É melancólico, pois reconhece a impossibilidade de ter e se acomoda. Sofre de vazio existencial. Vive cansado, com a impressão de fazer tudo com excesso de esforço. O motivo real disso está na falta de um projeto de vida e em um vazio interior. É estressado, pessimista e depressivo. Aprecia o descanso e o tempo livre, mas quer tudo para ontem e assume mais tarefas do que seria saudável aceitar.

As ideologias que permeiam a vida desse homem são o materialismo (ter acima de ser), o hedonismo (prazer acima de tudo, sem compromisso ou amor), permissivismo (vale tudo, desde que você se sinta bem), relativismo (nada é absoluto), consumismo (sinônimo de liberdade, que gera crise econômica e ecológica) e niilismo (homem "livre", aberto, plural, mas sem uma ética comum).

O homem pós-moderno não busca necessariamente acabar com Deus, mas passa a se pôr no centro. Tudo existe e tem valor enquanto serve de resposta às suas necessidades e aos seus desejos. O importante é não possuir amarras: tudo que é do bem é bom; logo, você deve seguir o que lhe faz bem.

A religião passa a ser uma mercadoria; serve apenas para saciar o indivíduo. Na verdade, ainda que o homem pós-moderno seja mais racional, continua buscando explicações para sua existência. Mas acredita que, por meio da experiência, poderá se conhecer melhor e também a Deus. E, como cada experiência é individual, as religiões também passam a ser. Cada um tem a sua, conforme a necessidade e a experiência pessoais. Vale tudo para encontrar-se: ingredientes cristãos, orientais, africanos, indígenas, esotéricos ou o que for "a pedido do cliente".

O grande desafio é que os valores da moral pós-moderna muitas vezes são contrários à moral cristã. O evangelho de Cristo segue uma verdade absoluta, com princípios que norteiam toda a ética humana. A Bíblia nos mostra que há pecado, culpa e necessidade de perdão. A utilidade objetiva da religião é reaproximar o homem de Deus, sempre preocupado com o outro ("Ame ao seu próximo como a você mesmo"). Já a pós-modernidade acredita que tudo é relativo; logo, nada é absoluto. Isso faz que sua ética seja vazia de princípios, cada um tenha a sua — ou, como dizia um comercial de cigarros, "cada um na sua, mas com alguma coisa em comum". Em comum, o que se tenha talvez seja esse individualismo.

Como despreza o pecado, a ética pós-moderna é egoísta, pois precisa produzir prazer e satisfação pessoal. É natural, então, que o homem pós-moderno não busque a Deus por querer se relacionar com ele como filho, mas apenas os benefícios práticos que ele possa oferecer.

Eu e você vivemos na pós-modernidade, portanto tudo isso faz parte do sistema de valores e crenças em que estamos imersos. Apesar disso, precisamos pensar a vida como um projeto viável, mas conscientes de que, para isso, é necessário que sejam estabelecidos normas e limites éticos que levem o homem a ser mais íntegro e solidário com o próximo. No contexto da pós-modernidade, precisamos nos esforçar por manter a verdade absoluta e atemporal viva dentro de nós, reconhecendo que essa é a única esperança de estabelecermos uma ética saudável e responsável — não apenas por nós mesmos, mas pela sociedade como um todo. Precisamos retomar um humanismo coerente, comprometido com valores, pois, sem um direcionamento moral, a busca pela satisfação torna-se vazia. Precisamos começar a nos satisfazer ao satisfazer o outro. Precisamos construir laços.

A Bíblia é um livro milenar, surgido muitos séculos antes dos conceitos que permeiam nossos dias. Tem sido fonte de inspiração e sabedoria ao longo de toda a minha vida. O resultado dessas reflexões, observações e prática é uma experiência extremamente enriquecedora. Muitos nutrem certo preconceito contra seus ensinos, por culpa do comportamento de alguns segmentos que justificam suas práticas com base em interpretações bíblicas um tanto (ou muito) questionáveis. Mesmo assim, convido você a me acompanhar em uma viagem em que exploraremos um dos textos mais conhecidos da literatura mundial, que tem norteado a ética e os relacionamentos de bilhões de pessoas durante séculos: os Dez Mandamentos.

É o que faremos nas próximas páginas: revisitar um a um cada item dessa lista e buscar neles orientações para o longo e emocionante voo da vida.

parte 1

OS DEZ MANDAMENTOS SÃO PARA TODOS

Na sua forma mais completa, a felicidade e a razão coincidem.

HERBERT MARCUSE,
sociólogo e filósofo alemão

Jesus e os Dez Mandamentos

CAPÍTULO 1

Um dos textos mais conhecidos das Escrituras, os Dez Mandamentos, é também um dos mais criticados, desobedecidos, mal compreendidos e misteriosos instrumentos do amor de Deus. E é com base neles que quero sugerir caminhos para uma vida melhor.

Com essa finalidade, convido você a analisar e refletir sobre os Dez Mandamentos, mas sob uma visão diferente — que não é a mais habitual. Muitas vezes, ao longo dos séculos, a religião tradicional e o Estado usaram o Decálogo, como também é conhecido esse código de leis, como forma de controle, não como instrumento de libertação e crescimento pessoal. Só que esse mau uso não suprime as virtudes do texto. E o convite é para caminharmos em busca desses valores. Pois é fato histórico que muitos representantes e integrantes da igreja, bons e piedosos, usaram, ao longo dos séculos, os Dez Mandamentos como demonstração carinhosa do amor de Deus.

À primeira vista, tem-se a impressão de que os mandamentos são meras regras e proibições. Eles revelariam um Deus implacável que, paradoxalmente, também se apresenta como fonte de graça e misericórdia. Creio que o problema não está no texto, mas nas lentes que usamos para examinar cada um desses dez pontos, registrados no chamado “o Livro dos livros”. Abra o coração para descobrir novos significados e escutar a doce voz daquele que nos criou para viver uma vida repleta de significado daqui até a eternidade!

No que tange aos Dez Mandamentos, é interessante observar que Jesus os valida e ratifica. Isso mostra que, independentemente do que se creia, a importância dos valores presentes nos Dez Mandamentos não ficou restrita especificamente ao povo hebreu ou à época de Moisés. Porque, séculos depois, o próprio Cristo disse:

> — Não pensem que vim abolir a Lei ou os Profetas; não vim aboli-los, mas cumpri-los. Em verdade lhes digo que, até que os céus e a terra desapareçam, de forma alguma desaparecerá da lei a menor letra ou o menor traço, até que tudo se cumpra. Portanto, todo aquele que desobedecer a um desses mandamentos, ainda que dos menores, e ensinar os outros a fazerem o mesmo, será chamado menor no reino dos céus, mas todo aquele que praticar e ensinar esses mandamentos será chamado grande no reino dos céus. (Mateus 5.17-19).

Repare que Jesus não diz que é suficiente obedecer apenas a alguns ou à maioria dos mandamentos. Ele propõe que vençamos o jogo sem levar nem um só gol. Não quer que evitemos apenas este ou aquele pecado. E aqui cabe uma explicação: *pecado*, do ponto de vista bíblico, significa desobediência a um dos mandamentos, seja por palavras, seja por atos, seja por omissão. Mesmo sendo pródigo em amor e aceitação, Cristo não abriu exceções nem aliviou nossas responsabilidades. Ele falou para obedecermos à totalidade dos mandamentos, ressaltando que basta desobedecer a um deles para estar em pecado.

Quem será capaz de sobreviver a um Deus tão exigente e a um profeta que se apresentou como seu Filho e também proferiu a mesma sentença?

Os que gostariam que os Dez Mandamentos tivessem ficado esquecidos no Antigo Testamento enfrentam um grande problema aqui, pois Jesus renovou a força da lei, reafirmando que ela continua "em vigor" e que seria um padrão de comportamento e de fé. Em outro momento, ele chegou a dizer: "Vocês são meus amigos se fizerem o que eu ordeno" (João 15.14). Assim, para sermos verdadeiros amigos de Jesus, uma das atitudes que devemos ter é obedecer aos mandamentos. Essas palavras parecem duras, mas fazem sentido, quando se entende que a amizade é viável em maior ou menor escala, dependendo da sincronia de valores entre duas pessoas. Portanto, quer gostemos deles, quer não, os Dez Mandamentos vieram para ficar. Continuam valendo, ainda hoje, em pleno terceiro milênio da era cristã, na contagem do nosso calendário.

Acredito que a melhor interpretação dos Dez Mandamentos está na visão de Jesus, exposta no Sermão do Monte: eles precisam entrar em nosso coração. O teólogo John Stott escreveu o seguinte:

> Não pode haver dúvida de que o Sermão do Monte tem, sobre muitas pessoas, o primeiro efeito já notado. Quando o leem, ficam desesperadas. Veem nele um ideal inatingível. Como poderiam

Para sermos verdadeiros amigos de Jesus, uma das atitudes que devemos ter é obedecer aos mandamentos.

> desenvolver esta justiça de coração, voltar a outra face, amar os seus inimigos? É impossível! Exatamente! Neste sentido, o Sermão é "Moisíssimo Moisés" (expressão de Lutero); "é Moisés quadruplicado, é Moisés multiplicado ao mais alto grau", porque é uma lei de justiça interior a que nenhum filho de Adão jamais pode obedecer. Portanto, apenas nos condena e torna indispensável o perdão de Cristo. Não poderíamos dizer que esta é uma parte do propósito do Sermão? É verdade que Jesus não o disse explicitamente, embora esteja na primeira bem-aventurança, como já mencionamos. Mas a implicação está em toda a nova lei exatamente como na antiga.[1]

Moisés falou para não assassinar; Jesus disse para respeitar até a autoestima. Moisés falou para não adulterar; Jesus disse para nem pensar nisso. Jesus disse para fazer as pazes com o irmão antes de levar a oferta. Para ter palavra em vez de jurar. Oferecer a face esquerda a quem nos bater na direita. Não se desviar de quem vem pedir um empréstimo. Amar os inimigos. Bendizer quem nos maldiz. Orar e fazer nossa caridade de forma secreta. Perdoar antes de desejar ser perdoado. E assim por diante. Logo, Lutero tinha razão ao chamá-lo "Moisíssimo Moisés".

Em vez de apenas dar ordens mais difíceis, Jesus mostrou também o caminho para realizar isso: o arrependimento, uma total mudança da mente, da atitude, do coração. Ao propor a missão mais difícil, logrou apresentar igualmente a solução mais simples. Com isso, o que seria absolutamente impraticável para quem vive apenas o exterior torna-se, sob certo aspecto, fácil. Praticar os

[1] 1Stott, J. R. W. *A mensagem do Sermão do Monte.* 2. ed. São Paulo: ABU Editora, 1989. p. 25-26.

Dez Mandamentos é possível ou um ideal inatingível? Entendemos que, a partir da aceitação de Jesus, da atuação do Espírito Santo e do desenvolvimento de um novo caráter, é perfeitamente possível que seus seguidores consigam praticar essa nova ética.

Se você não crê em Jesus, esta é apenas uma leitura. Portanto, fique bem à vontade para descobrir se vale a pena ou não seguir os Dez Mandamentos. Mas, se crê em Jesus, o assunto é bem mais sério, pois Cristo não deu margem para escolha: você *precisa* seguir os Dez Mandamentos. Para quem quiser, por qualquer razão (religiosa, filosófica ou intelectual) seguir o Decálogo, vale citar o que disse Leonard Felder, professor de psicologia da Universidade do Canyon em Ohio, Estados Unidos. Felder chegou a dizer que a denominação *os Dez Mandamentos* talvez seja inadequada e deveria ser mudada para *as dez coisas mais difíceis que tentamos fazer na vida*. Para reforçar a ideia, ele cita exemplos que tantos sacrifícios nos custam, justamente por serem tentações rotineiras: honrar os pais, fugir do adultério, não invejar o que os outros têm, e por aí vai. Quem nunca cobiçou os bens de outra pessoa que atire a primeira pedra ou apresente algum argumento contra a tese de que essa lista de dez preceitos é difícil de cumprir!

Ao reafirmar a importância dos Dez Mandamentos e dizer que não estava revogando a lei de Moisés, Jesus trouxe um desafio antigo e um novo para os que desejam viver segundo as crenças do judaísmo ou do cristianismo. O antigo seria cumprir o Decálogo. O novo é harmonizar as regras ancestrais a uma nova abordagem dos mandamentos. É importante atentar às palavras do Carpinteiro de Nazaré sobre o assunto. Trata-se de um trecho longo, que deve ser lido com atenção a cada detalhe:

> — Vocês ouviram o que foi dito aos seus antepassados: "Não assassine"', e "quem assassinar estará

sujeito a julgamento". Mas eu digo a vocês que qualquer que se irar contra o seu irmão estará sujeito a julgamento. Do mesmo modo, qualquer que disser a seu irmão: "Tolo!" será levado ao tribunal. E qualquer que disser: "Insensato!" corre o risco de ser lançado no fogo do inferno.

— Portanto, se você estiver apresentando a sua oferta diante do altar e ali se lembrar de que o seu irmão tem algo contra você, deixe a sua oferta ali, diante do altar, e vá primeiro reconciliar-se com o seu irmão; depois, volte e apresente a sua oferta.

— Não demore para entrar em acordo com o adversário que pretende levar você ao tribunal. Faça isso enquanto ainda estiver com ele no caminho; caso contrário, ele poderá entregar você ao juiz, e o juiz entregá-lo ao guarda, e você poderá ser lançado na prisão. Em verdade lhe digo que você não sairá de lá enquanto não pagar o último centavo.

— Vocês ouviram o que foi dito: "Não adultere". Mas eu digo que qualquer que olhar para uma mulher e desejá-la já cometeu adultério com ela no coração. Se o seu olho direito o induz a pecar, arranque-o e lance-o fora. Pois é melhor perder uma parte do seu corpo do que todo ele ser lançado no inferno. E, se a sua mão direita o induz a pecar, corte-a e lance-a fora. Pois é melhor perder uma parte do seu corpo do que todo ele ir para o inferno.

— Foi dito também: "Aquele que se divorciar da sua mulher deverá dar-lhe uma certidão de divórcio". No entanto, eu digo que todo aquele que se divorciar da sua mulher, exceto por imoralidade sexual, faz que ela se torne adúltera, e quem se casar com a mulher divorciada comete adultério.

— Vocês também ouviram o que foi dito aos seus antepassados: "Não jure falsamente, mas cumpra os juramentos que você fez diante do Senhor". Mas eu digo: não jurem de forma alguma; nem pelos céus, porque é o trono de Deus; nem pela terra, porque é o estrado dos seus pés; nem por Jerusalém, porque é a cidade do grande Rei. Não jure pela sua cabeça, pois você não pode tornar branco ou preto nem um fio de cabelo. Quando disserem "sim", que seja realmente sim; quando disserem "não", que seja não. O que passar disso vem do Maligno.

— Vocês ouviram o que foi dito: "Olho por olho, dente por dente". Mas eu digo: não resistam ao perverso. Se alguém o ferir na face direita, ofereça-lhe também a outra. E, se alguém quiser processar você e tirar a sua túnica, deixe que leve também a capa. Se alguém o forçar a caminhar com ele uma milha, vá com ele duas. Dê a quem lhe pede e não volte as costas àquele que deseja pedir algo emprestado.

— Vocês ouviram o que foi dito: "Ame ao seu próximo e odeie o seu inimigo". Mas eu digo: amem os seus inimigos e orem por aqueles que perseguem vocês, para que vocês venham a ser filhos do seu Pai, que está nos céus. Porque ele faz raiar o sol sobre maus e bons e derrama chuva sobre justos e injustos. Portanto, se vocês amarem aqueles que os amam, que recompensa receberão? Até os publicanos fazem isso! E, se saudarem apenas os seus irmãos, o que farão de mais? Até os gentios agem assim! Portanto, vocês devem ser perfeitos como é perfeito o Pai celestial de vocês. (Mateus 5.21-48).

Assim, Jesus não só manteve os Dez Mandamentos, como trouxe novos desafios para seus discípulos: eles deveriam seguir não apenas as normas da lei, mas também novas regras, baseadas no amor, na tolerância e na simplicidade. Não é um desafio de mero comportamento externo, mas de mudança de valores pessoais, internos.

Quando lemos o relato da Bíblia desde a história de Moisés até Jesus, percebemos algo interessante: enquanto o povo de Deus seguia os mandamentos, tudo corria bem. Mas, sempre que se desviava dos preceitos da lei, sofria as consequências. Muitos acreditam que a mão divina pesava sobre os israelitas, castigando-os por desobedecer às suas ordens. Será que era isso o que acontecia?

Antes de tentar compreender melhor esse fenômeno, deixemos essa pergunta em aberto e nos lembremos um pouco de outro código de leis, que impera sobre religiosos ou não, sobre homens e animais; enfim, sobre todo ser que existe na face da terra: as leis da natureza. Por exemplo, você pode não conhecer nada sobre a lei da gravidade, mas deve saber que, se jogar algum objeto de certa altura, a tendência não é ele levitar, mas cair até o chão. E, quanto mais alto, maior será o dano quando chegar ao solo.

Se uma criança está em uma árvore e o pai lhe diz para não pular, talvez ela o considere autoritário e limitador. Então, é possível que pule. E, se pular e se machucar, de repente vai acreditar que seus ferimentos são uma punição da parte do pai. Isso seria razoável? A Bíblia, por exemplo, diz que “quem tenta enriquecer depressa não ficará impune” (Provérbios 28.20). Mas será que Deus envia raios, pestes e incêndios para punir essas pessoas? Ou será que a punição é apenas o desenrolar natural das escolhas e dos caminhos errados e tortuosos que quem se apressa a enriquecer acaba trilhando? Ou será que ocorrem os dois? Outra reflexão: você pode não entender como funciona o fenômeno da combustão, mas aprende — por meio de um processo doloroso — que, se puser a mão em cima da chama do fogão, vai se queimar.

As leis da natureza não podem ser desobedecidas impunemente. Sempre que não são cumpridas, causam algum tipo de dano. De igual modo, eu diria que os Dez Mandamentos também não devem ser desobedecidos, sob pena de algum resultado negativo. Não um resultado provocado por um Deus furioso e vingativo, mas a consequência natural das condutas adotadas pela pessoa. Por exemplo, se você furtar, pode ser preso. Se adulterar, pode pegar uma doença... mas isso não tem necessariamente a ver com castigo divino; é uma consequência dos fatos.

Mesmo que a ciência não consiga dar explicações absolutas para todas, as leis da natureza não deixam de existir e de regular todo o Universo — desde a queda da maçã de uma árvore até o movimento dos planetas em torno do Sol. Quando o homem desrespeita uma dessas regras, o caos começa a se instalar.

A interferência na natureza traz consequências graves e inadiáveis. Eu poderia listar aqui dezenas de atitudes que os homens têm tomado que afetam negativamente a si mesmos, à fauna e à flora. Esses exemplos espelham as consequências da falta de observância dos Dez Mandamentos. Não necessariamente o que se colhe de uma transgressão é fruto de uma ação direta e punitiva de Deus, mas, sim, como efeito natural, o resultado de uma atitude que desrespeita a harmonia das coisas.

Nem sempre é a mão de Deus pesando sobre nossa vida, mas apenas a colheita do que semeamos. A consequência lógica do erro é uma vida de medo, desconfiança e falta de amor. Em última instância, tudo provocado por nós mesmos.

Esse preceito foi lembrado por Jesus e também é conhecido como "lei da semeadura". Examine as sementes que você tem plantado. Certamente vai colher o que semear, e de forma multiplicada, em sua vida hoje. É justamente sobre a atualidade dos mandamentos para nós que tratarei no próximo capítulo.

O segredo da felicidade é a liberdade.
O segredo da liberdade é a coragem.

Tucídides,
historiador grego

A atualidade dos Dez Mandamentos

CAPÍTULO 2

A meu ver, a maioria dos ocidentais até gostaria de seguir as orientações divinas contidas nos Dez Mandamentos, mas tem sérias dúvidas sobre se essas ordenanças funcionam no mundo real, fora da igreja, no dia a dia da empresa, da universidade ou na rua. Por isso, segue fazendo aquilo que acredita ser necessário para "achar seu lugar ao sol". Uma pesquisa realizada pelo professor e mestre em Gestão de Negócios Marcelo Peruzzo a respeito dos Dez Mandamentos exemplifica esse aspecto da questão. Ele ouviu quatrocentos executivos sobre o que pensavam dos Dez Mandamentos e sua aplicação à vida profissional. Os resultados:

- 45% dos entrevistados fariam de tudo para ganhar o mercado, mesmo que para isso precisassem destruir os concorrentes (até matar).

- 64% estavam dispostos a se valer do falso testemunho, da fofoca e da mentira (dentro e fora da companhia) para alcançar seus objetivos.
- 37% estavam abertos a praticar o adultério dentro da empresa.
- 71% acreditavam nas regras divinas, mas a maior parte não as cumpria.

Esses dados nos permitem concluir que esses profissionais até acreditam em Deus e acham suas regras válidas, mas simplesmente não creem que, ao segui-las, terão todo o sucesso que desejam. Não posso afirmar que são pessoas cheias de cobiça — digo o óbvio: são humanos.

A meu ver, após décadas de experiência, entendo que os Dez Mandamentos produzem resultados em todos os lugares. Isso inclui o ambiente profissional. Quem os cumpre pode até ir mais devagar, mas irá com muito mais solidez; afinal, direção é mais importante que velocidade! Não preciso dizer que adultério, mentira, fofoca e outras atitudes como essas têm pernas curtas e que aqueles que se valem desses artifícios podem até ter sucesso durante algum tempo, mas correm o risco de ser descobertos. Como já foi dito, é possível enganar todos por algum tempo e alguns por muito tempo, mas poucos conseguem enganar todo mundo o tempo todo. As exceções são tão raras que não recomendo o risco.

Ao extrair lições dos livros e da vida, não tenho qualquer receio de dizer que o caminho aparentemente mais longo e sem atalhos sedutores em geral é o mais seguro. E, às vezes, até mesmo o mais rápido. A menor distância entre dois pontos é a linha reta: retidão de conduta, retidão de caráter.

É claro que, tenha você a crença que tiver, a forma com que enxerga os Dez Mandamentos influenciará sua capacidade

O caminho aparentemente mais longo e sem atalhos sedutores em geral é o mais seguro.

de segui-los. Alterar a maneira de entender algo depende de uma série de fatores. Contudo, requer uma tomada de consciência, que pode acontecer de repente e quando menos se espera.

Existe um livro muito interessante do já citado psicólogo e professor Leonard Felder intitulado *Os dez desafios*.[1] Em seu texto, há um subtítulo que merece destaque: Orientações espirituais inspiradas nos Dez Mandamentos para criar sentido, desenvolvimento e prosperidade em todos os dias de sua vida.

Se, por um lado, isso é bastante chocante, por outro, essa frase funciona como um preceito; afinal, jamais olharíamos para esses preceitos como algo que pudesse levar a qualquer uma das direções que Felder aponta. Pelo contrário, é comum atribuirmos a culpa e a frustração ao nos ser revelado quanto somos imperfeitos aos nossos próprios olhos diante de Deus, porque o tempo inteiro seremos assolados por tentações, estando todos os dias a um passo da queda.

Admito que para algumas pessoas é muito difícil ler palavras como as de Jesus: "Vocês são meus amigos se fizerem o que eu ordeno" (João 15.14). Ora, mas que amigo é esse que dá uma série de ordens e espera obediência, nada mais? Com o tempo, descobri que apenas conseguimos desenvolver a amizade com pessoas que, por mais diferentes que sejam, tenham valores em comum. Assim, um muçulmano e eu, um flamenguista e eu, um comunista e eu podemos ser amigos desde que haja um mínimo de respeito pela liberdade de crença e de escolha — seja de um time, seja de uma ideologia política.

Para uma amizade crescer, é preciso haver afinidades. Hoje entendo que Jesus propõe um conjunto de práticas que auxiliam a

---

[1] Felder, Leonard. *Os dez desafios*. São Paulo: Cultrix, 1999.

desenvolver pessoas íntegras, maduras e confiáveis. A obediência não é um muro, mas, sim, uma ponte para a amizade. Segundo esse raciocínio, a desobediência é, principalmente, algo prejudicial a pessoas que, por qualquer razão, não conseguem amadurecer a ponto de obedecer aos princípios que lhe foram recomendados. Parece meio difícil de entender, mas funciona!

Sempre que analisamos um assunto, é preciso tentar nos despir de nossos preconceitos e pontos de vista. Muitos poderiam argumentar que isso é impossível. E eu serei obrigado a concordar. Mas, ao menos, devemos tentar fazer que nossas ideias preconcebidas não nos impeçam de ouvir outras vozes, outras ideias, outros conceitos.

Na vida de um juiz, isso é muito importante. Pessoas vão ao Poder Judiciário em busca de justiça. Casais em processo de divórcio, quando não há uma separação consensual, geralmente polarizam uma disputa em que ambos sempre acham que estão certos e se consideram a parte prejudicada. Em uma briga, geralmente há três lados: o seu, o meu e o certo. E o juiz tem a tarefa de definir o certo. Algo semelhante ocorre no ofício pastoral, principalmente atendendo a questões familiares, em que as pessoas nos procuram assoladas por problemas, e sua esperança é que saiam de nosso gabinete com seus problemas resolvidos, ou ao menos com uma direção rumo à resolução.

Claro que há situações em que um dos envolvidos visivelmente cometeu mais erros do que o outro, mas a observância disso só pode ser feita mediante a apresentação de provas, que podem ser documentais ou testemunhais. Assim, o juiz ouvirá testemunhas de ambas as partes, que muitas vezes são instruídas a falar somente o que beneficia um dos lados e prejudica o antagonista. A experiência de um juiz pode fazer que testemunhas forjadas ou instruídas previamente sejam postas em contradição ou deixem transparecer que estão mentindo — por serem vítimas de algum tipo de coação ou por se sentirem inseguras.

Ainda no contexto jurídico, em outras situações, como um acidente de trânsito, às vezes não há má-fé, mas diversas testemunhas ajudam a elucidar quem é verdadeiramente culpado. A visão do motorista, a do passageiro da frente, a de quem está no banco de trás, a do outro motorista e a dos passageiros do outro veículo, a de pedestres que presenciaram o acidente na rua: todos os pontos de vista são somados para que se tente descobrir a dinâmica do acidente e avaliar a culpa dos envolvidos. O mesmo ocorre ao atender no gabinete pastoral, em que às vezes as pessoas têm dificuldade de reconhecer os seus defeitos e, mais ainda, de perceber que muitos dos conflitos que têm abalado seu relacionamento foram gerados por elas mesmas.

Na vida religiosa, infelizmente não é isso o que acontece na maioria das vezes. Em geral, somos ensinados na infância, quando preceitos nos são transmitidos como verdadeiros e isentos de qualquer erro. É comum que, além dos princípios bíblicos — esses, sim, verdadeiros e livres de erro —, nos tenham sido ensinadas interpretações de verdades das Escrituras, além dos dogmas próprios de cada denominação ou religião. Muitos ensinam o seu entendimento como sendo o único correto, e isso é fonte inesgotável de frustrações e problemas.

Quando crianças, não nos é permitido criticar ou questionar. O que nos é passado é verdade, não pode ser desobedecido e, se o fizermos, Deus nos castigará! Isso já constitui um grande problema, cuja tendência é crescer proporcionalmente ao avanço da idade. Adolescentes e jovens são reprimidos quando questionam algum princípio que a liderança muitas vezes apresenta como bíblico, mas não passam de usos e costumes de um grupo, sob a bandeira de uma visão teológica. Não é de estranhar que muitos desses jovens se rebelem e abandonem a fé. Ou, ainda, que surja na sociedade preconceito contra os religiosos e, infelizmente, contra a própria fé cristã.

Ora, a rebelião do homem é tentar existir fora do círculo no qual Deus o criou para existir.

Francis Schaeffer,
Verdadeira espiritualidade

Os Dez Mandamentos, a psicologia e a ciência

CAPÍTULO 3

Como relatei no capítulo anterior, é fascinante o tesouro contido nas páginas do livro *Os dez desafios*, do judeu Leonard Felder. Afinal, a obra apresenta uma visão sobre os Dez Mandamentos que para muitos pode ser completamente nova, com base em reflexões de um psicólogo sobre um tema religioso, de forma abrangente e muito positiva.

Leonard Felder traz para a prática do dia a dia suas reflexões, frisando que os mandamentos bíblicos muitas vezes "resolveram problemas de casais ou de pessoas que me procuraram em meu consultório". Ele justifica essa afirmação lembrando o sistema teórico da Bíblia: seus autores afirmam constantemente que nela estão todas as indicações para uma vida plena. O Antigo Testamento narra a existência do mal e do pecado e promete o Messias que salvaria o mundo. O Novo Testamento sustenta que Jesus é esse

Messias e apresenta as diretrizes que ele deixou para seus seguidores obedecerem.

Assim, a Bíblia se apresenta como fonte de informação sobre o que é o mal e, ao mesmo tempo, indica a fonte de salvação e de libertação desse mal — e também do medo. Faz-nos ainda descobrir que somos pecadores, tantas são as transgressões que cometemos, e mostra que Deus mandou seu próprio Filho para nos redimir: Jesus morreu por nós para, depois, ressuscitar e retornar aos céus, de onde viera. Nesse ciclo está a chave para a mudança de visão, pois quem o aceita e o segue passa a trilhar o mesmo caminho de luz.

Contudo, mesmo ao não religioso, os Dez Mandamentos oferecem instrumentos de satisfação e crescimento pessoal. Nesse passo, tudo o que está no Livro Sagrado é sabedoria sob medida para viver. Os ensinamentos continuam tão atuais como eram nos primeiros milênios. Não por acaso aquela impressionante sequência de relatos e orações sobrevive ao tempo. Suas lições, mesmo que você não creia que tenham vindo diretamente de Deus, são fundamentais não apenas para a resolução de nossas questões religiosas, mas também psicológicas, como atesta Felder. Afinal, a psicologia é o estudo da alma, da chama fundamental, da identidade de cada ser.

A sociedade moderna é assolada pela depressão e o estresse. Acredito que o sentimento que configura o elo entre esses dois problemas seja a culpa. Pais sentem-se culpados por não poderem proporcionar todas as coisas boas que desejariam para sua casa e seus filhos. Maridos sentem-se culpados por não conseguirem amar sua esposa intensamente. Mães sentem-se culpadas por se dedicarem mais ao trabalho e cada vez menos aos filhos. A lista é enorme. Infelizmente, em vez de colaborar para reduzi-la, grande parte da igreja muitas vezes intensifica a culpa das pessoas. E não só de ilustres desconhecidos.

Na verdade, o que parece a razão essencial e fundamental para Deus ter criado os Dez Mandamentos é o fato de nos amar e, por conhecer nossa estrutura frágil, dispor de condições especiais para recomendar os melhores caminhos. Assim, desenvolver-se interiormente a ponto de cumprir os mandamentos exige uma superação e um amadurecimento tais que influenciarão o cotidiano da pessoa. Todos vamos passar por dificuldades, e muitas delas serão no plano psicológico. Nessas horas, os Dez Mandamentos são excelente fonte de apoio e segurança, como assegura o psicólogo Leonard Felder.

Para mim, o que [Cristo] quis dizer é: "Tudo o que farei será contribuir para que vos torneis perfeitos. Podeis vos contentar com menos, mas não o permitirei".

C. S. Lewis,

em *Cristianismo puro e simples*

CAPÍTULO 4

Os Dez Mandamentos são fruto do amor

Os Dez Mandamentos podem ser considerados dez mensagens que Deus quis nos transmitir. Ou, como o psicólogo Leonard Felder prefere chamar, os "dez desafios", pois ele sugere a existência de um processo contínuo de aperfeiçoamento que você pode trilhar se quiser. Nada nem ninguém o obriga a isso, embora ignorá-los traga consequências. Entender essa ideia de *processo* é importante, pois ela exclui o conceito de ultimato. O amor de Deus permite que, se for cometido um pecado, o jogo continue.

Podemos fazer uma analogia com o futebol. Em 1993, a Fifa introduziu em suas regras o chamado *gol de ouro* (antiga *morte súbita*), sistema pelo qual, se os times empatassem, iam para a prorrogação, mas com um detalhe: o primeiro que fizesse um gol era o vencedor, e a partida acabava na hora. Ou seja, se a equipe levasse um gol na prorrogação, não teria a oportunidade de tentar empatar, virar o jogo ou levar a decisão para os pênaltis. Esse sistema era tão duro e rigoroso que não foi mantido e, em 2006, acabou abolido das partidas de Copa do Mundo. Da mesma forma, um erro, um pecado cometido por nós, não significa o término do jogo, com a vitória do adversário. É possível empatar e virar — ou, melhor dizendo, é possível que a falha seja apenas parte da caminhada.

Precisamos admitir que nossa trajetória teve e ainda terá muitos erros. Afinal, o único homem que viveu na terra e não cometeu pecado algum, até o fim de sua vida, foi Jesus (Hebreus 4.15). Logo no início de seu ministério, após ser batizado, Jesus permaneceu no deserto, em um jejum de quarenta dias e quarenta noites (Mateus 4.1-11). Seu corpo humano desejava comer algo. Foi quando o Diabo lhe apareceu, em primeiro lugar questionando sua divindade. É interessante que Satanás não ofereceu pão ou outro alimento a Cristo, mas questionou o seu poder: “Se és o Filho de Deus...”. Sabemos que, se quisesse, o Senhor poderia transformar pedras em pães. Na segunda vez, o Diabo, além de novamente pôr em xeque a divindade de Cristo, tentou semear no coração dele a dúvida sobre o cuidado do Pai, caso estivesse em perigo. Por último, o tentador inverteu os papéis, proclamou-se dono de todos os reinos do mundo e os ofereceu a Jesus. Em troca, queria que o Deus em forma humana, prostrado, o adorasse. Naquele momento, o Mestre usou com sabedoria as mesmas armas que o Diabo usara — a Palavra de Deus —, mas com sua correta interpretação.

Quando penso em Jesus e sua vida aqui na terra, concluo que ele deve realmente ser nosso modelo de comportamento. Sabemos que não seremos iguais a Cristo, mas o simples desejo de andar em seus passos e nos comportar como ele se comportou — sabendo que viveu aqui as mesmas ansiedades e dores que nós —, faz que estejamos próximos dele. E isso nos consola.

Os Dez Mandamentos podem ser divididos em dois grupos:

- Verticais: os quatro primeiros, que se referem à relação do homem com Deus.
- Horizontais: seis mandamentos ligados diretamente à relação do homem com o próximo.

Essa constatação realça a característica básica dos mandamentos: a intenção divina de, por amor, levar o homem ao amadurecimento e à construção de padrões mais desenvolvidos de relacionamento não só espirituais, mas também sociais.

É interessante perceber ainda que, embora os quatro primeiros mandamentos sejam diretamente relacionados à área da espiritualidade, não são estatutos religiosos. Estão intimamente ligados à área moral e ética, ao convívio social. Ou seja, a intenção divina era se relacionar com seres humanos maduros e com padrões de comportamento que não visassem apenas ao bem-estar pessoal, mas também ao do próximo.

Em certa oportunidade, Jesus foi questionado por um dos mestres da lei com a seguinte pergunta: "Mestre, qual é o maior mandamento da lei?". Cristo resumiu os dez em apenas dois:

> — "Ame ao Senhor, o seu Deus, com todo o seu coração, com toda a sua alma e com todo o seu entendimento". Este é o primeiro e maior mandamento. E o segundo é semelhante a este: "Ame ao seu próximo como a você mesmo". (Mateus 22.37-39).

É importante observar que Jesus, em nenhum momento, diz que você deve amar a Deus *ou* o próximo alternativamente. Os atos são complementares. Devemos amar a Deus *e* ao próximo. Por isso, de nada serve ter uma vida religiosa regular, ir uma vez por semana ou mesmo todo dia à igreja e evitar usar o nome de Deus em vão se você não honra seus pais ou cobiça a propriedade alheia. Autor de uma das cartas do Novo Testamento, Tiago chega a dizer que não adianta afirmar que amamos a Deus se não nos importarmos com um irmão necessitado de roupas ou alimento. Portanto, fica claro que o amor é a base dos mandamentos. E ele pressupõe obras para que seja relevante.

Embora divididos em dez, e passíveis de serem resumidos em apenas dois, toda a lei é complementar. Sem honrar seus pais ou respeitar seu próximo, você não honra a Deus, que os criou. Por outro lado, também não basta amar ao próximo, colaborar financeiramente com instituições assistenciais, doar seu tempo distribuindo alimentos aos necessitados, o que popularmente conhecemos como "boas obras", se o seu coração não estiver voltado para Deus.

Aqui temos dois assuntos diferentes. Primeiro, fazer boas ações apenas para se sentir melhor não é a melhor proposta. Segundo, embora Deus goste de seus gestos de solidariedade e bondade, ele também quer um relacionamento pessoal com você. É como qualquer bom pai, que não deseja apenas que o filho se comporte bem, mas também que haja comunhão, conversa, interação, intimidade.

Muitas passagens bíblicas retratam a importância das boas obras, sempre ligadas a uma vida relacionada com a espiritualidade, com Deus. Gosto muito de dois textos que resumem o que quero dizer. O primeiro foi escrito por Paulo à igreja em Éfeso:

> Pois pela graça vocês são salvos, por meio da fé, e isto não vem de vocês, é dom de Deus; não por obras, para que ninguém se glorie. Porque fomos

> feitos por Deus, criados em Cristo Jesus, para boas obras, as quais Deus preparou previamente para que andássemos nelas. (Efésios 2.8-10).

O segundo é um trecho da carta enviada por Tiago à igreja que, dada a perseguição romana, começava a se dispersar pela Ásia Menor:

> De que adianta, meus irmãos, alguém dizer que tem fé, se não tem obras? Acaso a fé pode salvá-lo? Se um irmão ou uma irmã precisar de roupas e do alimento de cada dia e um de vocês lhe disser: "Vá em paz, aqueça-se e alimente-se até satisfazer-se", sem, porém, lhe dar o que necessita, de que adianta? Assim também a fé, por si só, se não é acompanhada de obras, está morta. Contudo, alguém dirá: "Você tem fé; eu tenho obras". Mostre-me a sua fé sem obras, e eu mostrarei a minha fé pelas obras. Você crê que existe um só Deus? Muito bem! Até mesmo os demônios creem — e estremecem! (Tiago 2.14-19).

As obras — e principalmente as boas obras — são um testemunho vivo da fé e do amor. Portanto, guardar os seis últimos mandamentos é um grande passo. Se você acha difícil observar os quatro primeiros, talvez por não querer se envolver com uma religião, não desista de tudo.

Em primeiro lugar, porque as orientações dos Dez Mandamentos nos levam a uma espiritualidade livre e que traz paz. Ou, melhor dizendo, seguir os Dez Mandamentos automaticamente, ou por medo, é muito mais difícil e leva apenas a uma religiosidade pesada e estéril. A proposta é que os mandamentos sejam ligados a um coração e a uma espiritualidade passíveis de mudar seus conceitos e resultados, de modo que proporcione alegria no cotidiano.

Em segundo lugar, porque — creio eu — só é possível amar a alguém maltrapilho, vil ou mentiroso se virmos nele a expressão de Deus. Somente os amaremos se os virmos como seres criados e amados por Deus, pessoas como nós seríamos se não fossem a misericórdia e o amor divinos.

Jesus tinha absoluta consciência de que os Dez Mandamentos não são regras de um Pai turrão e autoritário, disposto a tirar todas as alegrias de suas criaturas. Ele não se daria ao trabalho maravilhoso da criação para povoar o planeta de gente triste — embora segui-lo não signifique que tudo sempre será um mar de rosas. Acredito, pessoalmente, que o Senhor gostaria que vivêssemos felizes. Basta dar uma olhada na natureza: nosso planeta é um lugar lindo demais para ter sido feito por um Deus mal-humorado — embora a entrada do pecado no mundo tenha tornado impossível viver plenamente feliz nesta vida. Mas a felicidade maior do ser humano é saber que tem o Senhor ao seu lado, como Jesus prometeu antes de subir ao céu: "E eu estarei sempre com vocês, até o fim dos tempos" (Mateus 28.20).

Deus dá demonstrações de amor profundo por sua criação. Ao ditar as palavras a Moisés, sua primeira expressão foi "Eu sou o Senhor, o seu Deus". É uma declaração de amor do Pai aos seus. Naquele momento, em cima do monte, Moisés representava todo um povo que atravessou o deserto em busca da liberdade, depois de um período de opressão e escravidão no Egito. E o que o Pai quer dizer com isso? Podemos imaginar, como fez Leonard Felder, o seguinte: "Eu sou aquele que se preocupa com você. Sou aquele que está interessado em você. Sou aquele que olha você.

Os mandamentos não foram criados para gerar culpa e tristeza, mas para nos conduzir ao Cristo.

Sou aquele que tirei você do cativeiro. [...] Quero caminhar ao seu lado, sempre para o melhor lugar, onde você possa se tornar cada vez melhor e mais livre".

Assim, não faz o menor sentido supor que o Criador libertou as pessoas para em seguida submetê-las a uma série de regras, que todos certamente desobedeceriam, para, com isso, morrer de culpa e tristeza a cada dia. Ele não criou os Dez Mandamentos para provocar estresse e tristeza, nem teve a menor intenção de usar o Decálogo para incentivar esses sentimentos negativos. Nada disso. A mensagem para toda a humanidade é outra, como podemos imaginar nesta paráfrase:

> — Olha, eu tirei você da escravidão física, quebrei as correntes que prendiam seu corpo e, agora, quero que venha comigo para se livrar de outras e mais complicadas formas de escravidão. Você será liberto daquelas que não se veem, escondidas nas profundezas de você mesmo, porque eu sou o seu Deus. Quero tirar você de uma vida pequena, mesquinha, de uma visão curta, para que caminhe em direção à verdadeira liberdade. Então, proporei alguns desafios para que você rompa também os grilhões emocionais e psicológicos.

Esse apelo muda tudo. Os Dez Mandamentos ganham cores de palavras de incentivo, motivação, esperança e fé. Cada uma delas vinda daquele que está disposto a iluminar a escuridão de nossa jornada, as prisões internas que nós mesmos construímos, como terríveis armadilhas nas quais caímos todo o tempo sem perceber. Deus, que é um Pai amoroso (não ao estilo dos que mimam e criam filhos frágeis, incapazes de enfrentar a vida com energia e força), nos ofereceu, então, desafios!

É sob essa perspectiva que temos de olhar os Dez Mandamentos. Embora sejam ordenanças, temos de vê-los como desafios que têm a possibilidade de nos ajudar a amadurecer. Sim, porque, onde não há desafios, o que existe é marasmo, água parada, mesmice. Em última instância, o Decálogo nos mostra o sentido da vida. Nada, portanto, mais instigante, gratificante e revelador do amor de Deus.

Se você concluir que os mandamentos oferecem modelos mentais mais capacitados para gerar felicidade, naturalmente vai querer substituir as ideias antigas pelas novas. Como disse o filósofo grego Heráclito, "o primeiro problema para todos nós, homens e mulheres, não é aprender, mas sim desaprender".

Que regras você prefere seguir? As de Deus ou as da sociedade? Somos desafiados pelo Senhor a ter uma vida melhor do que tivemos sem ele. Os mandamentos não foram criados para gerar culpa e tristeza, mas para nos conduzir ao Cristo que gera harmonia e equilíbrio, conforme a boa medida do Deus que nos conhece profundamente.

Em suma, seja por um caminho individual de aperfeiçoamento, baseado na análise racional dos conselhos oferecidos, seja em uma jornada iniciada como resultado da confiança no Senhor que quer nos libertar — e com a ajuda que ele oferece no dia a dia —, podemos enxergar nos Dez Mandamentos verdadeiros desafios proporcionados pelo amor de Deus, que, se abraçados, tornarão muito melhor a nossa vida e a de toda a sociedade.

parte 2

OS DEZ MANDAMENTOS PARA UMA VIDA MELHOR

1º MANDAMENTO

Não tenha outros deuses além de mim.

Êxodo 20.3

CAPÍTULO 5

Não coloque nada no lugar de Deus

Chegou a hora de refletir individualmente sobre cada um dos mandamentos. Abra a janela do seu coração para vislumbrar as diferentes paisagens que vão se descortinar em cada ponto da viagem. Para entendermos melhor o primeiro preceito do Decálogo, temos de nos fazer uma pergunta: quem gosta de dividir as atenções? Se você observar bem, vai reparar que, desde bebês, disputamos o carinho, os olhares, o colo, seja com os irmãos, seja até entre o pai e a mãe.

É interessante pensar nisso considerando o fato de que fomos feitos à imagem e semelhança de Deus (Gênesis 1.26). O que isso quer dizer? O Senhor não nos criou como bonecos ou robôs. Não somos brinquedos nem fomos programados para servir a um amo como escravos ou o gênio da lâmpada. Fomos criados com desejos, vontades e poder de decisão. O Criador sabe disso e tem prazer de interagir com a sua criação. Por isso, o primeiro mandamento para uma vida melhor é ser fiel ao único Deus.

A exemplo do que propõe o psicólogo Leonard Felder, gostaria que iniciasse esta nova etapa da leitura olhando para o seu interior. Será que você poderia afirmar que não se desvia do caminho de Deus, seja por vícios que subtraiam sua capacidade de tomar decisões, seja por hábitos sedutores? Pois há pessoas tão dominadas por vícios que, para elas, o que vem em primeiro lugar em sua vida — e, assim, toma o espaço que pertence ao Senhor — é a bebida ou algum outro tipo de droga. O bar pode ser sua "igreja", e os companheiros de balcão, os "fiéis". E o desejo de tomar uma nova dose fica cada vez mais forte do que o de voltar para casa, encontrar a família e buscar soluções para esse problema.

Você pode alegar que nunca se envolveu com drogas ou bebida. Ótimo. Mas existem outros vícios. Há pessoas que transformam algo bom e saudável, como o sexo — uma expressão de amor e alegria — em uma compulsão. Com isso, o que é prazeroso vira um fardo pesado e sem controle. Um vício em vez de uma celebração.

Um dos equívocos mais comuns é pensar que Deus nos impôs regras quase impossíveis de serem cumpridas com a finalidade de nos punir em razão da desobediência. Pelo contrário, se ele propôs selar uma aliança conosco é porque tem pleno conhecimento de que podemos cumprir cada uma de suas determinações. E, ao fazê-lo, nós é que mais temos a ganhar com isso.

O problema é que, diante da primeira dificuldade, geralmente temos vontade de fugir. Foi assim com Adão e Eva, que achavam que podiam se esconder de Deus. Assim acontece com quem se afasta dos amigos quando a culpa por ter falhado o atormenta e rouba a paz.

Se Deus quer de nós uma relação de fidelidade, é possível pressupormos que também deseja se comunicar conosco. Para isso, o primeiro desafio é falar diretamente com Deus, em um relacionamento íntimo e pessoal. A partir do momento em que desenvolvemos esse tipo de comunicação de mão dupla — nos expressando e ouvindo o que Deus quer nos falar —, não precisamos que nada nem ninguém se intrometa com palpites ou ações capazes de pôr em risco essa ligação sobrenatural.

UM NOVO ADESIVO PARA O SEU CARRO

Muitas pessoas se comovem durante cerimônias de casamento. Os noivos cuidam de cada detalhe nos meses que antecedem o dia tão aguardado. Quando o casal faz um pacto de fidelidade na hora dos votos, ninguém acha estranho (ou ao menos não deveria!) quando os cônjuges cumprem a fidelidade prometida. Da mesma forma, não há nada errado com o fato de o Pai celestial ansiar por uma relação direta conosco, marcada por transparência e fidelidade. É isso que ele espera de nós!

Se você é casado ou está namorando, nunca vai aceitar alguém para intermediar essa relação. Ao contrário, toda vez que alguém interfere, a tendência é que surjam conflitos (uma boa lição para algumas sogras). Por isso, Deus quer ter um relacionamento direto com seus filhos. Nesse ponto, você poderia perguntar: "Afinal, por que um ser onipotente, onisciente e onipresente, criador de todo o Universo, quer manter uma relação de amizade e fidelidade comigo?".

A resposta para essa questão está nas Escrituras. Os relatos bíblicos nos mostram que Deus amou cada ser humano de uma forma tão incrível que enviou seu único Filho ao mundo com uma missão superespecial: restaurar o relacionamento do Senhor com a humanidade, que se havia rompido pelo pecado. Na forma de homem, Jesus sofreu todo tipo de desprezo e dor e, ao final, entregou sua vida para que cada um de nós pudesse ter acesso direto ao Pai. Por meio do sacrifício de Cristo, nossa vida é transformada em suas três dimensões: ele perdoa e apaga nossas transgressões do *passado*, nos concede vida abundante no *presente* e promete que viveremos com ele por toda a eternidade. Quer melhor *futuro* do que esse?

O amor é a resposta que traduz o anseio divino por um relacionamento com seus filhos. Essa qualidade de amor por vezes é incompreensível dentro da nossa limitada imaginação e entendimento. É por esse motivo que, para estabelecer uma relação de fidelidade com Deus, é preciso, em primeiro lugar, sermos sinceros. Como afirmou a religiosa e escritora espanhola Teresa de Ávila: "Ó Deus, não te amo, nem mesmo quero amar-te, mas desejo querer amar-te!", expressando quão paradoxal é nosso relacionamento com Deus Pai.

Muitos carros estampam um adesivo com a frase *Deus é fiel*. Essa é uma verdade incontestável e bastante repetida. Contudo, quantos de nós teríamos coragem de pôr um adesivo no automóvel com a expressão *Eu sou fiel a Deus*? Desconfio que não seria um grande sucesso de vendas. Recentemente, um amigo me disse que seu maior sonho era ser aprovado por Deus. Bonito isso. Ele é alguém que queria não só as bênçãos, mas também se apresentar com um padrão de mente, coração e conduta compatíveis com a Divindade.

VOCÊ TEM ÍDOLOS?

Falar sobre idolatria usualmente nos remete à imagem de pessoas prostradas, em devoção sincera, diante de imagens de escultura. Na prática, essa é apenas a manifestação cuja identificação é mais imediata e recorrente. Existem outras formas de idolatria bem sutis que, por isso, não são tão rechaçadas pela maioria das pessoas.

Um dos grandes defeitos comuns na sociedade é criar definições pomposas para camuflar problemas óbvios. O marido que fica até tarde no serviço e só tem contato com os filhos no final de semana diz que está "construindo o futuro da família". Ausente e míope, não se dá conta de que, aos poucos, o trabalho pode se tornar um deus em sua vida. Afinal, no ambiente profissional ele é reconhecido, respeitado e exerce autoridade sobre as pessoas. É mais fácil conseguir isso na rua do que em casa, onde não é possível estar sempre com "roupa de festa", ou interpretar um personagem. Cada posição conquistada na carreira vai requerer maior dedicação e tempo, em um ciclo vicioso marcado por ambição, ganância e egoísmo. Quem transfere para o trabalho a falsa sensação de segurança, conferindo à vida profissional o domínio da sua vida pessoal, tem outro deus, que guia o seu pensamento, a sua forma de agir e a sua maneira de falar.

Podemos listar outros candidatos potenciais a ocupar o primeiro lugar de ídolo em nossa curta passagem por este mundo: dinheiro, fama, poder, sexo, o cônjuge, um filho ou uma filha, o time de futebol e até mesmo a religião. O rol de possibilidades é quase infinito. Tudo aquilo que passa a dominar sua vida, desviando a atenção de um relacionamento íntimo com Deus, torna-se o seu deus.

Em uma relação conjugal, os cônjuges jamais gostariam de ser menos importantes do que as finanças. Pelo mesmo raciocínio, poucas esposas aceitariam passar todas as tardes de domingo trancadas em casa porque o marido não admite perder um jogo do seu time. De igual modo, Deus também não quer ocupar uma posição secundária em sua lista de prioridades. Como costumo dizer, se

Deus não está em primeiro lugar em nossa vida, com certeza não está em segundo lugar!

Dono de grande fortuna, o salmista Davi afirmou: "... sou pobre e necessitado..." (Salmos 40.17). Será que ele exagerou na força de expressão? Como o rei de Israel, com os cofres lotados de tesouros preciosos, poderia fazer uma declaração dessa? A afirmação faz todo sentido quando pensamos que nas entrelinhas ele estava dizendo: "Não garanto para mim saúde e felicidade; eu preciso de alguém, por isso sou pobre".

Outro deus bastante comum é a conta bancária. É normal almejarmos ter determinada quantia na conta, para proporcionar rendimentos mensais e, assim, a tão sonhada tranquilidade financeira. Pensamos que, quando alcançarmos determinadas metas financeiras, finalmente nos sentiremos seguros e realizados, mas o fato é que isso não é verdade. Não quero dizer que seja errado poupar ou planejar uma ascensão financeira. No entanto, o importante é que isso não seja o objetivo máximo da vida. O que nos dá tranquilidade e paz interior não é o saldo na conta bancária, mas, sim, *Jeovah-Jireh*, o termo hebraico utilizado no relato bíblico de Abraão (Gênesis 22.14) para descrever a realidade de que "o Senhor proverá".

Para quem classifica o dinheiro como fonte de segurança, não apenas como parte da vida, ter riquezas pode ser pior do que não ter. Contudo, se seu coração e sua mente mantêm a fidelidade ao Senhor de toda prata e de todo ouro, não há problema em que o dinheiro venha, certamente com a ajuda do alto. É preciso estar pronto para confiar em Deus, não no crédito disponível ou na quantidade de ações que rendem dividendos para você. O saldo positivo pode desaparecer de uma hora para outra, mas Deus sempre estará presente!

FANTASIA *VERSUS* REALIDADE

Existem ainda pessoas que sacrificam tudo para alcançar fama pessoal, com o objetivo de ser o alvo das atenções. Aspirantes a "semideuses" desejam se tornar "bezerros de ouro" para serem alvo da admiração de todos em altares erguidos para si mesmos. A fama pode trazer dinheiro, reconhecimento e muita gente por perto, precipitadamente chamados de "amigos". Contudo, esses benefícios são frágeis e passageiros. Quem é capaz de se lembrar do nome dos participantes dos diversos *reality shows* que já foram exibidos na televisão no último semestre?

Há quem não consiga viver bem se não tiver seus "quinze minutos de fama". Há também quem nunca consiga ser feliz depois de beber do copo da notoriedade e vê-lo se esvaziar. Quantos artistas, atletas e políticos vivem apenas das lembranças do passado, sem aproveitar o dia de hoje? Tendo um espelho retrovisor muito maior do que o para-brisa.

Outro exemplo interessante é o homem perfeito que mulheres procuram incessantemente, mas só existe na imaginação delas. Idealizado e, por isso mesmo, surreal, esse espécime de homem deve preencher uma série de requisitos, como a cor dos olhos, o tipo de cabelo, a estrutura corporal, o jeito de falar e raciocinar; enfim, tudo como em uma receita de bolo. Para muitas, ele ainda precisará ser rico, famoso, poderoso, um grande atleta ou cantar bem, com voz perfeita e afinada. Também será útil se for pianista e souber pelo menos três idiomas. Enquanto esse "deus grego" não se materializa exatamente como foi idealizado, algumas mulheres não se dão ao direito à felicidade, sempre debruçadas na janela da vida esperando por um príncipe cuja existência se resume apenas aos contos de fadas.

Não menos complicada é a situação de quem considera seu par constante ou cônjuge nada menos que uma divindade, tamanho o pedestal em que põe o objeto de sua adoração. Até mesmo a relação do casal está em risco, fadada mesmo ao fracasso, porque ninguém chega a um nível tão elevado de perfeição. À menor falha detectada, fica bem claro que aquele ídolo tem "pés de barro". A relação doentia tem tudo para virar poeira.

Após examinar muitos exemplos, é possível compreender o valor terapêutico das palavras de Deus em cada mandamento. O preceito "Não tenha outros deuses além de mim" pode salvar relações amorosas, porque evita que os casais construam a base de sua proximidade em perfeições e projeções inexistentes. É como se Deus dissesse: "Não ponha tanto peso sobre os ombros de seu cônjuge", pois sabe onde isso em geral acaba.

Nada de idolatrar seres humanos, com suas falhas e seus deslizes. Ninguém é Deus, senão o próprio: nem o cônjuge, a conta bancária, o trabalho, o lazer, os bens de consumo, a fama, o poder ou o que for. Aposente de vez a imagem equivocada de um Pai celestial ciumento e possessivo, que deseja de forma egoísta adoração apenas para ele. Na verdade, temos um Deus que ensina a dar o valor exato às coisas e não pôr sobre nada nem ninguém a dificílima tarefa de ser divino. Ele é o Deus único e insubstituível.

Como disse o advogado e jornalista Barbosa Lima Sobrinho, "a fidelidade é uma virtude que enobrece a própria servidão". Espero que você responda positivamente ao mandamento divino, na certeza de que essa decisão elevará sua vida espiritual a um novo patamar. Você vai constatar como é gratificante ter um relacionamento íntimo com Deus, descartando cada uma das divindades que aparecem ao longo da vida com o intuito de desempenhar esse papel, mas que são incapazes de fazê-lo.

DICAS PARA UMA vida melhor

- Seja fiel a Deus.
- Se você acredita em Deus, deixe-o desempenhar o que lhe é natural, cultive essa amizade e faça a sua parte.
- Não sobrecarregue os ombros de nada nem ninguém com a tarefa (impossível) de ser a divindade.

2º MANDAMENTO

Não faça para você nenhum ídolo na forma de qualquer coisa no céu, na terra ou nas águas debaixo da terra. Não se prostre diante deles nem lhes preste culto, porque eu, o SENHOR, o seu Deus, sou Deus zeloso, que castigo os filhos pelo pecado dos pais até a terceira e a quarta geração daqueles que me odeiam, mas trato com amor leal até mil gerações os que me amam e obedecem aos meus mandamentos.

ÊXODO 20.4-6

CAPÍTULO 6

Aprenda a lidar com um Deus que é espírito e invisível

Nossa vida é repleta de símbolos. Nossas roupas, por exemplo, trazem nas etiquetas ícones que nos permitem entender a forma correta de lavá-las ou passá-las. Nas ruas, há símbolos que determinam se andamos, paramos, viramos à esquerda ou à direita ou se é proibido estacionar. No saguão de um prédio, eles nos orientam se chamamos o elevador para descer ou subir. Isso sem mencionar a internet, na qual os símbolos cada vez mais substituem palavras. Diante disso, por que a Bíblia especifica como um problema as imagens, os símbolos?

Em primeiro lugar, é importante estarmos conscientes de que Deus é espírito. O povo de Israel enfrentou um problema sério nessa área quando decidiu fazer um bezerro de ouro para adorá-lo em razão da demora de Moisés em retornar do monte no qual tinha subido para falar com Deus. É importante observar que o bezerro de ouro não foi apenas um objeto feito para receber culto. A intenção do povo era que ele se tornasse seu novo deus e o guiasse (Êxodo 32.1). Ou seja, o bezerro desempenharia o papel que Deus havia desempenhado até então, ao conduzir o povo pelo deserto.

Se no primeiro mandamento Deus requer de nós exclusividade e a compreensão de que ele é o único que há, no segundo atrai para si todo o foco de culto e de adoração.

QUERO VER SUA FACE

O ser humano tem uma grande necessidade de materializar seus desejos, anseios e crenças. É nesse ponto que corre o risco de submergir na superstição. No livro *Teologia concisa*,[1] J. I. Packer afirma: "A Escritura é rigorosa a respeito do mal de praticar a idolatria. Os ídolos são escarnecidos como ilusórios, não existentes, mas escravizam seus adoradores em uma superstição cega, que significa infidelidade perante Deus".

Durante seu ministério na terra, a presença física de Jesus arrebatou muitos seguidores. Contudo, após sua morte, embora cientes da promessa da ressurreição, muitos abandonaram a fé e voltaram para suas atividades normais. Isso é apenas uma das provas de que o ser humano tem o anseio claro de basear sua fé em algo visível, concreto. Foi assim com os discípulos que esperavam Jesus. Foi assim com o povo que esperava Moisés. Sem paciência e com visão limitada, é mais provável que escolhamos caminhos mais fáceis e óbvios. É o que os israelitas fizeram ao erguer o bezerro de ouro. Preferiram se prostrar diante de um ídolo de metal a acreditar que Deus jamais os abandonaria. Eles não conseguiram lidar com uma divindade invisível.

---

[1] Packer, J. I. *Teologia concisa*. São Paulo: Cultura Cristã, 1999.

Condenamos a atitude deles, mas muitas vezes também sucumbimos diante de soluções aparentemente mais palpáveis. Em muitas ocasiões, imaturamente deixamos de depositar toda a confiança em Deus porque não o vemos. Queremos manter tudo sob controle, quem sabe até erguendo outros tipos de imagens, lembrando o hábito dos pagãos.

Erra quem só vê essa atitude na confecção de uma imagem de escultura. Há cristãos de várias correntes exigindo que Deus se materialize, fale, responda ou arrebate, isto é, que aja de modo visível. Outros, na ausência de uma materialização clara e constante, se valem de uma busca alucinada por sinais, milagres, profecias ou manifestações do gênero. De um jeito ou de outro, muitos cristãos têm dificuldade para lidar com um Deus que é espírito e muitas vezes fica em silêncio.

Por que Deus se cala? Não sabemos ao certo, mas ele o faz. E querer entender isso seria almejar que nossa mente finita pudesse conter a mente infinita do Senhor. Encontramos exemplos desse anseio por toda parte, como na música do cantor Andy Park, *In the Secret*, em que manifesta esse desejo de conhecer Deus mais intimamente:

> *I want to know you.* (Eu quero te conhecer.)
> *I want to hear your voice.* (Eu quero ouvir tua voz.)
> *I want to know you more.* (Eu quero te conhecer mais.)
> *I want to touch you.* (Eu quero te tocar.)
> *I want to see your face.* (Eu quero ver a tua face.)
> *I want to know you more.* (Eu quero te conhecer mais.)

Na mesma linha, um exemplo mais conhecido seria a canção *Quero te ver*, interpretada pelo músico irlandês radicado no Brasil David Quinlan:

> *Abre os olhos do meu coração.*
> *Abre os olhos do meu coração.*
> *Quero te ver, quero te ver, Senhor.*
> *Exaltado e bem alto, brilhando a luz da tua glória.*
> *Derrama teu amor e poder, pois tu és santo, santo, santo.*
> *Santo, santo, santo, santo, santo, santo,*
> *santo, santo, santo, quero te ver.*
> *Quero te ver, quero te ver.*
> *Eu quero te tocar, eu quero te abraçar.*
> *Quero te ver.*

Mas será possível ouvir a voz de Deus, tocá-lo ou ver sua face? No livro *O Deus (in)visível*, o escritor Philip Yancey afirma: "Em nenhum lugar da Bíblia encontro a promessa de que tocaremos Deus ou veremos sua face, pelo menos não nesta vida". Eu posso dizer que já senti o toque do Senhor muitas vezes, como Andy Park e David Quinlan exprimem nas músicas que cantam.

A meu ver, é muito claro que o próprio Senhor, durante toda a existência dos seres humanos, se fez presente nas relações com sua criação. No Éden, o Criador passeava pelo jardim e se comunicava com Adão e Eva. Selou uma aliança com a humanidade após o Dilúvio por meio de um arco-íris. Guiou o povo de Israel pelo deserto com uma coluna de fogo, à noite, e uma nuvem, durante o dia.

Talvez o problema não seja a imagem em si, pois a Bíblia é repleta de simbologias maravilhosas: a rocha, a cruz, a água da vida, a ceia do Senhor. O problema ocorre quando criamos uma imagem e fazemos dela objeto de culto e veneração, desviando nossa atenção de Deus e fazendo amuletos de simples criações humanas. Gostaríamos de nos relacionar com um Senhor visível e que falasse conosco todos os dias por meio de milagres e sinais. Por não ver Deus e Moisés, o povo inventou uma solução visível. E você, o que faz quando não percebe a presença ou a atenção do Senhor do jeito que gostaria?

Ficamos angustiados pensando em como resolver os problemas futuros, quando é o presente que deve ser vivido em toda a sua plenitude, com a certeza de que Deus não nos faltará em nenhum momento. Essa é a promessa maravilhosa que Jesus nos deixou!

Um dos momentos em que Deus mais se calou ao longo da História foi durante o Holocausto nazista. Não se sabe ao certo se é fato ou ficção, mas comenta-se, como registrado no livro *Yossel Rakover dirige-se a Deus*,[2] que foram encontrados os seguintes dizeres em um porão onde um grupo de judeus teria ficado escondido durante toda a Segunda Guerra Mundial, na cidade de Colônia, Alemanha: "Creio no sol, mesmo que ele não brilhe. Creio no amor, mesmo que eu não o sinta. Creio em Deus, mesmo quando ele se cala". Nem sempre temos essa capacidade. Às vezes, quando Deus se cala, mesmo cristãos de todas as tradições acabam construindo bezerros ou brinquedos para, em sua imaturidade, substituírem o Senhor ou fazê-lo aparentemente mais visível ou presente.

DEUS USA AS CIRCUNSTÂNCIAS PARA SEU CRESCIMENTO E O DE OUTROS

Ao lançar o desafio "Não faça para você nenhum ídolo", Deus sabe que não adianta você se entregar ao que não lhe proporcionará nada. Apenas ele tem a capacidade de agir em seu favor e de usar sua vida para ajudar outras pessoas; nenhuma imagem de escultura

---

[2] KOLITZ, Zvi. *Yossel Rakover dirige-se a Deus*. São Paulo: Perspectiva, 2003.

é capaz de fazer isso. Só que, nesse sentido, é essencial lembrar que o Senhor não age sempre da maneira que esperamos, mas tem seus próprios caminhos — e pede que tenhamos confiança nele, mesmo quando não entendemos o momento que enfrentamos.

São inúmeras as situações em que não conseguimos compreender os propósitos divinos, como a morte de alguém que amamos, a perda do emprego, uma doença na família, uma traição grave ou uma injustiça sofrida. Por vezes, as dificuldades subtraem nossa motivação, e a falta de coragem impede que continuemos a trilhar os caminhos do Pai. Só que não podemos permitir que nossa existência seja guiada pelo que vemos ou sentimos. O aparente silêncio de Deus jamais significa que ele está longe de nós.

O pregador Charles Spurgeon disse que "muitos devem a ressonância de seu triunfo às dificuldades encontradas". Devemos estar com os ouvidos abertos para escutar as lições que Deus deseja nos transmitir durante as crises que nos sobrevêm. Em Mateus 10.30, Jesus afirma que "até os cabelos da cabeça de vocês estão todos contados", para ressaltar a preocupação divina com cada detalhe de nossa vida.

Muitas vezes, nos comportamos com Deus como se fôssemos uma criança mimada. Se o pai não nos dá tudo o que queremos, fazemos pirraça, choramos e dizemos: "Não gosto mais de você!". No entanto, sob o prisma divino, determinadas situações são oportunidades de aperfeiçoamento e amadurecimento.

Quando levo meus filhos à praia, eles brincam à vontade na areia e na parte rasa do mar. Fico atento, mas deixo que levem alguns tombos, para que desenvolvam seu próprio equilíbrio. É preciso que aprendam a lidar com os desafios próprios de cada etapa de seu crescimento. Procuro antever o tamanho da queda, para que não se machuquem ou, ao menos, que só se machuquem o suficiente para aprender a lidar com as ondas do mar.

O silêncio de Deus cumpre a mesma função em nossa trajetória. Ele está perto, pronto a nos acudir caso venha uma onda maior para nos tragar. Contudo, os tombos pequenos frequentemente fazem parte de seu projeto de nos tornar maduros e responsáveis. O Senhor pode, sim, deixar você sentir-se só, mas estará sempre presente. Talvez não responda a seus pedidos para eventuais mudanças de circunstâncias, porque justamente as que estão à sua frente são as que vão proporcionar o seu crescimento. Quando Deus não muda as circunstâncias é porque ele deseja treinar você.

Em Gênesis, a partir do capítulo 37, a Bíblia nos conta a história de José, um homem que tinha sonhos proféticos bem desagradáveis na ótica de seus irmãos. Eles quiseram matá-lo, mas acabaram vendendo-o como escravo. Agindo sempre com retidão, José se tornou o principal empregado de Potifar, oficial do faraó e capitão da guarda. Ao recusar-se a adulterar com a esposa dele, acabou sendo injustamente lançado na prisão. Lá, mais uma vez agiu corretamente e sob a bênção de Deus, mas foi esquecido por todos, mesmo por aqueles a quem ajudou. Certamente José tinha bons motivos para reclamar do Senhor e das circunstâncias em que se encontrava, que se tornavam cada vez piores. Mas a Bíblia não relata isso. Pelo contrário, essas circunstâncias aparentemente indicativas de um Deus ausente ou ineficiente foram usadas como forma de preparar José para ser o homem mais importante do Egito depois do faraó. Lembre-se de que a murmuração pode ser a sepultura das promessas de Deus em sua vida.

Ao administrar uma casa rica, José aprendeu a lidar com a riqueza e a abundância. Depois, numa ordem cronológica perfeita, ele administra a pobreza, a miséria e a escassez. Se José fosse para a prisão antes de ir para a casa de Potifar, dificilmente aprenderia quanto havia de desperdício nos momentos de riqueza e prosperidade. O fato é que José estava sendo treinado para administrar o Egito durante sete anos de fartura e sete anos de fome, como nos diz a Bíblia. Deus passou uma grande parte da vida de José treinando-o para uma missão importante e muito maior do que José poderia imaginar ao vivenciar todos aqueles momentos amargos.

Além de usar as circunstâncias para o seu amadurecimento, pode ser que Deus não as mude por outro motivo. É possível que ele queira usar sua vida de algum modo. Todo técnico de futebol sabe que em determinados momentos da partida precisa de um jogador com uma característica diferente. Um que saiba marcar melhor ou que seja mais habilidoso ao cobrar pênaltis. No grande jogo da vida, algumas vezes o grande Técnico precisa que alguém do time dele realize uma missão específica.

Você se sentiria honrado em ser chamado por Deus para algum propósito? Em ser escalado por ele para jogar uma partida ou para as Olimpíadas da existência? Pois Deus se interessa em ajudar, mesmo nas piores circunstâncias — aquelas que os seres humanos sabem muito bem criar. É possível que você esteja ali para jogar pelo time celestial. O Senhor pode estar usando você com algum propósito em meio às circunstâncias. Nessas horas, é comum Deus lançar mão de um filho para ajudar outro.

O capítulo 16 do livro de Atos relata que, em certa ocasião, Paulo de Tarso foi preso injustamente. A leitura nos mostra que Deus o conduziu à prisão para ajudar o carcereiro. Em vez de vociferar contra o Senhor ou ficar murmurando por sua situação, Paulo cantava louvores e falava do amor de Deus, mesmo nas circunstâncias difíceis em que estava. Isso mudou o ambiente daquela prisão e a vida de quem estava lá. Paulo foi um grande artilheiro do time celestial. E você também está convocado para jogar nessa equipe.

PERTO ESTÁ O SENHOR

O teólogo Gregório de Nissa, que fez parte do grupo conhecido como pais capadócios, nos alertou no século 4 para o risco de criarmos uma imagem mental fictícia de Deus, que equivaleria a um ídolo. Ele escreveu:

> Somente a admiração conhece verdadeiramente. Os conceitos produzem os ídolos. Não ídolos no sentido de imagens de escultura, mas no sentido de imagens falsas de Deus, falsos conceitos sobre Deus, ideias provenientes da imaginação, ficção a respeito de Deus, que não correspondem à realidade de Deus, mas são tomadas como se correspondessem.

Quando prevalece nossa necessidade de materializar Deus, seja em uma escultura, seja tratando como se fosse uma divindade, algo ou alguém que amamos (casamento, posição importante na empresa, bens materiais ou o que for), passamos a idolatrar um objeto e deixamos de lado um dos principais ingredientes da espiritualidade: a fé. E, para dar combustível à nossa fé, é necessário viver um relacionamento de intimidade com Deus. Em *Ouvindo Deus*,[3] o escritor e filósofo Dallas Willard afirma: "Ouvir a Deus só será um fato confiável e inteligível em nossa vida se virmos suas palavras como um dos aspectos de sua presença conosco. Só a comunhão com Deus

---

[3] WILLARD, Dallas. *Ouvindo Deus*. Viçosa: Ultimato, 2002.

fornece o contexto apropriado para nossa comunicação com ele". Ou seja, a partir do momento em que conseguirmos nos relacionar direta e unicamente com o Senhor, será completamente desnecessária a utilização de artifícios para representá-lo de forma material.

O relacionamento com Deus jamais pode ser uma busca de troca. Venerar uma imagem como forma de permutar adoração por recuperação física, um casamento ou até mesmo um dia sem dificuldades não é o plano do Pai para seus filhos. Jesus nos ensina que Deus é pai daqueles que a ele entregam sua vida. Um pai não ficaria nada satisfeito em ouvir do filho apenas reivindicações de aumento da mesada, um carro novo ou mais dinheiro para ir ao cinema no final de semana com a namorada. Uma lista de desejos fica mais apropriada para um pai imaginário, o Papai Noel. Todos os pais desejam manter com os filhos um relacionamento de cumplicidade, amor e confiança. É esse tipo de relação que Deus quer ter conosco, sem a necessidade de intermediários.

Para aqueles que, a despeito de tantos argumentos, ainda desejam vislumbrar a materialização do divino, é importante lembrar que talvez ele esteja mais próximo do que se imagina. O próprio Jesus — que foi Deus de maneira palpável e visível quando caminhou sobre a terra — disse que, quando retornasse, ouviria de muitos:

> — "Senhor, quando te vimos com fome, com sede, estrangeiro, necessitado de roupas, enfermo ou preso e não te servimos?".
>
> — Ele responderá: "Em verdade lhes digo que tudo o que vocês não fizeram a algum desses pequenos, também não fizeram a mim". (Mateus 25.44-45).

O verdadeiro Deus é espírito, portanto não cabe em um desenho ou em uma imagem. Ele se manifesta por meio da natureza, das pessoas, da sua Palavra e também do silêncio. Que ele amplie a nossa sensibilidade para vê-lo sempre que tivermos a possibilidade de suprir a carência de alguém que está sofrendo bem perto de nós. Pois ali certamente está o Senhor.

DICAS PARA UMA vida melhor

- Se Deus se calar, apenas confie.
- Se Deus não muda as circunstâncias, pode ser que deseje sua mudança — seu crescimento, aprendizado e amadurecimento.
- Muitas vezes, Deus não muda uma situação porque deseja que alguém do time dele participe de determinada circunstância, para um bem maior. Talvez você seja essa pessoa.
- Embora Deus possa realizar seus propósitos por meio de ministros e anjos, ele aprecia a ideia de conversar diretamente com você.

3º MANDAMENTO

Não tome o nome do Senhor, o seu Deus, em vão, pois o Senhor não deixará impune quem tomar o seu nome em vão.

Êxodo 20.7

CAPÍTULO 7

Faça valer sua palavra

Pense em alguém que você admira bastante. Agora, imagine que você está em uma festa em que alguém não saiba do seu relacionamento com essa pessoa e, durante a conversa, comece a maldizê-la, referir-se a ela de forma maldosa e atribuir-lhe defeitos inexistentes. Qual seria a sua atitude? Permaneceria calado? Ou concordaria e até aproveitaria para também falar mal? Ou, ainda, tentaria defender esse indivíduo que admira, listando qualidades e procurando convencer seu interlocutor de que ele está errado?

Outra situação: o que você faria se descobrisse que seus colegas na empresa estão comentando que você não trabalha bem, sempre chega atrasado — mesmo que seja o primeiro a chegar e o último a sair, cumpra todos os prazos e esteja sem tirar férias em razão do acúmulo de tarefas?

Essas duas situações têm algo em comum: o nome, a moral, a identidade da pessoa. Como disse o escritor mexicano Octavio Paz, "perder nosso nome é como perder nossa sombra; ser somente nosso nome é reduzirmo-nos a ser sombra". Quando Deus pede que valorizemos e respeitemos o seu nome, não podemos entender isso como uma atitude arbitrária que revela traços de autoritarismo, vaidade ou orgulho próprio. Na verdade, é como se ele dissesse: "Você me ama? Então, proteja meu nome, minha identidade, minha história".

Como desrespeitamos o nome de Deus? Por exemplo, é muito comum alguém "jurar por Deus". Acredito que, se as pessoas sabem que temos palavra, não precisamos nos valer da "fiança divina". Desde a mais simples até a mais complexa promessa, todas têm o mesmo peso. Recorrer a esse tipo de expediente apenas confirma nossa falta de seriedade. Muitas pessoas são capazes de "jurar por Deus" como instrumento de retórica, porque já falharam tantas vezes que ninguém mais acredita nelas. É o que acontece, por exemplo, com um pai que vive dizendo ao filho que vai levá-lo para passear, mas essa ocasião nunca chega. Desacreditado, começa a "jurar por Deus" que vai honrar sua palavra. O nome divino não terá crédito nem para o menino nem para o pai.

Quando Deus nos desafia a não jurar, pronunciando seu nome em vão, enfatiza para todos o valor da palavra de cada um de nós. O Evangelista Mateus registra um alerta de Jesus sobre juramentos, no Sermão do Monte. O Mestre determina aos discípulos:

> — Vocês também ouviram o que foi dito aos seus antepassados: "Não jure falsamente, mas cumpra os juramentos que você fez diante do Senhor". Mas eu digo: não jurem de forma alguma; nem pelos céus, porque é o trono de Deus;

> nem pela terra, porque é o estrado dos seus pés; nem por Jerusalém, porque é a cidade do grande Rei. Não jure pela sua cabeça, pois você não pode tornar branco ou preto nem um fio de cabelo. Quando disserem "sim", que seja realmente sim; quando disserem "não", que seja não. O que passar disso vem do Maligno. (Mateus 5.33-37).

Não devemos ter meias palavras. Tudo o que sair de nossa boca deve ser autêntico e verdadeiro. Ninguém jamais duvidará da veracidade da intenção, desde que nossas atitudes mostrem que cumprimos o que prometemos. Quem usa o nome de Deus para ser digno de confiança é porque não é digno de confiança, *ainda*.

AVALISTA OU CARRASCO CELESTIAL

Deus nos desafia a não nos valermos desnecessariamente de seu nome. É como se, em vez de o tratarmos como nosso Pai e amigo, o usássemos como justificativa ou desculpa para algo de nosso interesse pessoal. Você já parou para pensar em quantas guerras foram feitas em nome de Deus? E há quem ainda chame essas guerras de "santas" — o que, a nosso ver, também é tomar o nome divino em vão: usar o nome de Deus para justificar seus atos. Em geral, as guerras "santas" têm outras motivações. O nome de Deus só aparece para dar legitimidade a esses conflitos. Com consequências funestas, esses embates sangrentos mancharam indelevelmente inúmeras páginas da História. A cada vez que isso ocorre, ergue-se um muro de rejeição em torno de Deus. Muitos têm o coração surdo aos apelos do Pai como resposta ao uso agressivo que muitos líderes fizeram do nome do Senhor.

O desrespeito ao nome de Deus acontece tanto se fazemos dele um amuleto quanto se nos tornamos fanáticos religiosos, criando teorias que muitas vezes servem para justificar excesso de conservadorismo ou liberalismo, escondendo nossas opiniões atrás do escudo da "vontade de Deus". Lideranças desrespeitam o nome de Deus quando põem o Senhor a serviço do servo. Em muitas igrejas, o nome do líder é muito mais valorizado que o de Deus. E, com o passar do tempo, não é de estranhar que esses pastores, bispos ou apóstolos passem a imaginar que são mais poderosos do que o próprio Deus a quem deveriam servir.

Outra classe que também desrespeita o nome do Senhor são os políticos, que o usam na busca de votos, muitas vezes fazendo o púlpito de igrejas de palanque. Outros, que vêm de uma formação religiosa, quando chegam ao poder, envergonham o nome de Deus não apenas com suas atitudes, mas também com a falta de compromisso com a sociedade que os elegeu.

Em outras ocasiões, o nome de Deus é usado como instrumento de chantagem. Um exemplo é o do relacionamento familiar. Muitos pais têm dificuldade em impor limites a seus filhos e, por isso, recorrem a uma estratégia perigosa: transformar o nome do Senhor em ameaça constante. É quando dizem frases do tipo: "Se você fizer tal coisa, Deus está olhando e vai castigá-lo!". Para uma criança, dependendo da situação e da recorrência, isso pode virar um abuso psicológico. Associar o nome do Senhor a alguém vingativo, cruel e sempre pronto a apontar o dedo para os erros que forem cometidos pode criar uma barreira que impedirá a relação com Deus quando a criança crescer.

Imagine outra situação: um homem deseja comprar um carro. Procurado por um vendedor, diz à sua sábia e comedida esposa que o comerciante é um “mensageiro de Deus”. Endividado e sem argumentos mais consistentes, recorreu ao nome do Senhor na tentativa de convencer sua mulher. Deus passou a ser seu “avalista”. Isso também é tomar o nome dele em vão.

Muitas pessoas ficam ressabiadas quando alguém no meio da conversa solta a frase “Deus me falou que...”. Na maioria das vezes, esse tipo de menção ocorre tão somente para que a afirmação não seja contestada. Afinal, se Deus disse, quem somos nós para contestar? Infelizmente, esse tipo de recurso também é utilizado com frequência por muitos líderes, não apenas no meio religioso, quando necessitam de apoio incontestável.

Embora esse tipo de atitude não provoque nenhum dano direto a Deus, pois, afinal, ele é soberano, recebemos instrução expressa para zelar pelo seu nome. Como diz o ditado popular, “Quem ama cuida”. Transparência, integridade e caráter são atributos suficientes para que as palavras de uma pessoa sejam dignas de crédito.

Da mesma forma que “certeza absoluta” é uma expressão equivocada e redundante (toda certeza é, por definição, absoluta), não é necessário “jurar por Deus” para atribuir valor às suas palavras, que por si mesmas já devem ter validade. O Senhor nos desafia a sermos pessoas honestas, assumindo nossos atos e as consequências de cada escolha que fazemos. Entre as crianças, é comum usarem o nome do pai na hora em que são ameaçadas. “Vou contar para o meu pai” é uma frase usual, especialmente quando o valentão da rua diz que está na hora de “acertar as contas”. O tempo passa, amadurecemos e não podemos apelar para o pai na faculdade. Tampouco terá algum valor dizer “vou contar para o meu pai” ao gerente de Recursos Humanos na hora em que for demitido da empresa. Mas é comum adultos usarem o nome de Deus, mais ou menos, assim:

"O Pai disse isso", "Meu Pai disse aquilo" ou "Deus é quem garante minha promessa".

A maturidade deve ser uma característica dos relacionamentos sólidos, seja com Deus, seja com o próximo. E não há maturidade onde a pessoa não constrói uma palavra digna de confiança e que dispense avalistas.

"DEUS LHE PAGUE"

O valor do nome é inestimável. Ter um nome é um dos direitos fundamentais do ser humano, como expresso no artigo 3.º da Declaração dos Direitos da Criança. Por meio do nome, individualizamos, identificamos, particularizamos uma pessoa. Salvo alguns casos excepcionais, o nome é imutável.

Quando alguém menciona o nome de um amigo, imediatamente vêm à nossa mente os traços físicos dessa pessoa, seu timbre de voz ou, pelo menos, o local de onde a conhecemos. Pelo nome somos conhecidos, reconhecidos e deixaremos uma marca, mesmo após a morte. Se nos propusermos a uma vida de fidelidade e relação exclusiva com Deus, nada mais coerente do que ligarmos seu nome a algo sublime, poderoso, digno de elogios e honra.

Outro problema que enfrentamos com o nome de Deus são as expressões populares. Se você já deu alguma esmola, certamente ouviu a expressão "Deus lhe pague". Na música *Construção*, o compositor Chico Buarque canta:

> *Por me deixar respirar*
> *Por me deixar existir*
> *Deus lhe pague...*

Deus lhe pague também é o título de uma peça escrita, em 1933, pelo jornalista e teatrólogo Joracy Camargo, que celebrizou o ator Procópio Ferreira no papel de um mendigo que fica rico esmolando à porta de uma igreja. Quando o pedinte ouve de outro que "a felicidade é tão barata", ele responde:

> — Engana-se. É caríssima. Barata é a ilusão. Com um tostãozinho, compra-se a melhor ilusão da vida, porque, quando a gente diz: "Deus lhe pague...", o esmoler pensa que no dia seguinte vai tirar cem contos na loteria... Coitados! São tão ingênuos... Se dar esmola, um mísero tostão, à saída de um cabaré, onde se gastaram milhares de tostões em vícios e corrupções, redimisse pecados e comprasse a felicidade, o mundo seria um paraíso! O sacrifício é que redime. Esmola não é sacrifício! É sobra. É resto. É a alegria de quem dá porque não precisa pedir.

Nem sempre pensamos naquilo que dizemos. Agradecer a Deus pelas dádivas recebidas é um ato coerente, mas será que todas as vezes em que dizemos "graças a Deus" a gratidão é o sentimento presente em nosso coração?

RESPEITAMOS QUEM CONHECEMOS

Preservar e respeitar o nome de Deus é resultado, não um meio. É a atitude daquele que conhece a Deus, quem ele é, o que pode fazer. É gesto de alguém que se comunica com ele e honra o seu nome.

Quando alguém menciona o nome de Deus, imediatamente deve vir à memória um Deus pessoal, não apenas um personagem de literatura bíblica, mas alguém com quem se tem uma relação de intimidade e confiança. Deve vir à memória um Deus no qual muitos não acreditam, mas que prova sua existência por meio da vida daqueles que o amam e, consequentemente, amam também o próximo.

Para que isso se torne verdade, não bastam as teorias e doutrinas. Não é suficiente assistir a um pregador na televisão ou segui-lo nas redes sociais. Também não basta frequentar um culto ou uma missa semanalmente. A melhor ideia é que sejamos vigilantes, para honrar Deus sem usar seu nome de forma leviana. O passo seguinte é pronunciar esse nome sagrado com precisão, temor e, de preferência, dando glória a ele não apenas com nossas palavras, mas com nosso viver (Mateus 5.16).

DICAS PARA UMA vida melhor

- Se você ainda não é digno de confiança, comece a ser a partir de agora.
- Cumpra suas promessas.
- Cumpra seus prazos.
- Não fale em nome de Deus sem a certeza de que está agindo de boa-fé.
- Não se apresente como alguém que crê em Deus sem agir da maneira que seja agradável a ele.

4º MANDAMENTO

Lembre-se do dia de sábado para santificá-lo. Trabalhe seis dias e neles faça todos os seus trabalhos, mas o sétimo dia é um sábado para o Senhor, o seu Deus. Nesse dia, não faça trabalho algum, nem você, nem o seu filho, nem a sua filha, nem o seu servo, nem a sua serva, nem os seus animais, nem os estrangeiros residentes em suas cidades. Porque em seis dias o Senhor fez os céus e a terra, o mar e tudo o que neles há, mas, no sétimo dia, descansou. Por isso, o Senhor abençoou o dia de sábado e o santificou.

Êxodo 20.8-11

Administre bem o seu tempo

CAPÍTULO 8

Vivemos um período da História tristemente dominado pela cultura da praticidade excessiva. O valor não reside no que *somos*, mas no que *temos* ou, principalmente, no que *fazemos*. Essa busca frenética tem provocado danos de toda ordem. Como mais tempo trabalhando significa, em geral, um pouco mais de dinheiro no bolso, muita gente tem sacrificado não apenas a família, mas também a própria saúde. Tudo isso em troca de alguns trocados. Entenda que nenhuma conquista profissional, material ou pessoal compensará o fracasso dentro de casa.

"Uma das grandes desvantagens de termos pressa é o tempo que nos faz perder", disse o escritor cristão G. K. Chesterton. Se tivéssemos a possibilidade de antever quanto o corpo padece quando não descansamos, certamente repensaríamos alguns valores que têm norteado nossa rotina.

Qual é a proposta do quarto mandamento? O desafio pode ser expresso em apenas uma pergunta: "Você consegue se desconectar das atividades e dos problemas cotidianos ao menos uma vez por semana?". Segundo o relato do livro de Gênesis, após criar o mundo Deus descansou no sétimo dia. Para mim, esse registro sinaliza que o descanso não é mera sugestão, mas um mandamento preventivo para nossa saúde física e emocional.

Sabemos que descansar é algo difícil, especialmente para quem se situa nos extremos: os viciados em trabalho e os preguiçosos. Para quem é *workaholic*, viciado em trabalho, nada pode substituir a vida profissional (uma coisa é ser um trabalhador dedicado, e outra, um *workaholic*). No caso dos indolentes, tudo o que desejam é não fazer absolutamente nada. Ambos seguem rotinas, cada qual do seu modo. Só trabalho, sem família; ou só diversão, sem trabalho.

Quando Deus pede um dia santificado, na verdade nos abre a possibilidade de alterar a rotina com atividades diferentes das habituais. Nesse período, as baterias são recarregadas e novas experiências nos enriquecem em diversas áreas, modificando especialmente a disposição e o humor. Passamos a enxergar a vida sob uma nova perspectiva, até mesmo redirecionando projetos e ressuscitando sonhos que se perderam em meio à agitação do dia a dia.

SOLITUDE E SILÊNCIO

O mundo está repleto de metrópoles agitadas e barulhentas que, cada vez mais, crescem e prejudicam o sossego da vida interior. Mesmo na quietude, muitas vezes não conseguimos encontrar paz. Em *Crescer: os três caminhos da vida espiritual*,[1] Henri Nouwen

[1] Nouwen, Henri. *Crescer: os três caminhos da vida espiritual.* São Paulo: Paulinas, 2011.

estabelece a diferença entre *solidão* e *solitude*. O escritor afirma que podemos sentir solidão quando estamos solitários e até mesmo no meio de uma multidão. Muita gente tem medo do silêncio, pois ele nos leva diretamente à solidão. Nouwen diz que "está longe de ser fácil penetrar na dolorosa experiência do isolamento".

Em contrapartida, a solitude é aquele tipo de solidão que só ocorre quando estamos interiormente bem, em paz com Deus e com o próximo. Para o ex-professor das universidades Harvard e Yale, é "difícil, senão impossível, sair do isolamento para a solidão sem algum tipo de retiro em relação às distrações do mundo". Ressalto que o escritor registrou essas palavras na década de 1970, quando a tecnologia não interferia tanto em nossa rotina quanto hoje.

Anselm Grün, em *As exigências do silêncio*,[2] considera que o silêncio pode e deve ser um estágio na luta contra o pecado e o vício, uma forma de desapego e uma abertura para Deus. Grün cita o monge Bento de Núrsia, ao diferenciar *silentium*, a prática do silêncio, de *taciturnita*, a atitude de recolhimento que leva a pessoa a um lugar (ou estado) em que "está aberto para Deus, em que ele pode escutar a palavra de Deus na Escritura e na liturgia, e onde pode viver na presença de Deus".

O ensinamento é válido mesmo para quem mora em uma cidade barulhenta, tem uma vida profissional conturbada e filhos que não deixam a casa em paz. E mais, quem detesta ficar sozinho. Convido você a refletir, embora não esteja em um mosteiro isolado em uma montanha: quantas vezes você já se viu às voltas com um problema, com um sentimento de rancor ou de profunda mágoa ou mesmo com algo que tem de fazer, mas não consegue porque não encontra a solução por mais que pense a respeito?

---

[2] GRÜN, Anselm. *As exigências do silêncio*. Petrópolis: Vozes, 2004.

Existe um entrave muito comum chamado "efeito paradigma". Ele atinge pessoas que só sabem fazer as coisas de certo jeito, por entender ser a única maneira correta. Isso explica o fato de algumas invenções e descobertas da ciência terem nascido justamente do acaso, em um momento no qual o cientista estava afastado de sua pesquisa principal. A descoberta acidental da penicilina é um bom exemplo.

Durante um bom tempo, o médico microbiologista Alexander Fleming pesquisou antissépticos capazes de matar ou impedir o crescimento de bactérias em feridas infectadas. Em 1923, descobriu por acidente uma substância bactericida na lágrima e na saliva, a lisozima, depois de espirrar em cima de uma cultura de bactérias. Cinco anos depois, tirou férias e se esqueceu de guardar algumas placas com estafilococos, deixando-as em um canto de seu sempre bagunçado laboratório. Ao retornar no mês seguinte, observou que algumas delas estavam contaminadas com mofo. Ele percebeu que, em uma das placas, havia um halo transparente, sinalizando que aquele fungo produzia uma substância capaz de matar as bactérias. Um exame revelou que o fungo pertencia ao gênero *Penicilium*. Alguns anos depois, outros cientistas retomaram as experiências de Fleming e conseguiram produzir penicilina com fins terapêuticos em escala industrial, inaugurando a era dos antibióticos.

O cientista francês Louis Pasteur estava corretíssimo ao afirmar que "o acaso só favorece os espíritos preparados e não prescinde da observação". Acontecimentos como esse mostram os efeitos positivos da quebra do efeito paradigma. Há uma ruptura no controle, o que permite que se observe o processo de outra maneira. É o que ocorre quando um artista pinta uma montanha de vermelho, embora, aos olhos de qualquer pessoa, ela devesse ter outra cor, como verde ou azul.

LAZER É FUNDAMENTAL

O quarto mandamento carrega uma grande sabedoria divina. O propósito desse desafio não é apenas agradar a Deus, mas também tornar a vida mais equilibrada e, consequentemente, prazerosa. A pausa para descanso não apenas evita doenças, mas abre as portas da criatividade. Isso permite descobrir saídas e soluções engenhosas que não encontraríamos caso estivéssemos mergulhados no estresse cotidiano. Costuma-se dizer em algumas empresas que *time out is not time off*, que significa que o tempo gasto fora do trabalho não significa necessariamente estar desligado das tarefas profissionais.

Considerado o "profeta do ócio", Domenico De Masi disse que "somente as pessoas imaturas precisam de muito dinheiro para preencher bem seu tempo de folga". Não é necessário nenhum investimento financeiro para curtir bons momentos em família e imprimir lembranças positivas que seus filhos vão carregar por toda a vida. Em *O ócio criativo*,[3] o sociólogo italiano fornece a fórmula completa:

> Aquele que é mestre na arte de viver faz pouca distinção entre o seu trabalho e o seu tempo livre, entre a sua mente e o seu corpo, entre a sua educação e a sua recreação, entre o seu amor e a sua religião. Distingue uma coisa da outra com dificuldade. Almeja, simplesmente, a excelência em qualquer coisa que faça, deixando aos demais a tarefa de decidir se está trabalhando ou se divertindo. Ele acredita que está sempre fazendo as duas coisas ao mesmo tempo.

[3] De Masi, Domenico. *O ócio criativo*. Rio de Janeiro: Sextante, 2000.

AMOR SE SOLETRA ASSIM: T-E-M-P-O

Em época de acirrada competição profissional, muitas vezes temos dificuldade de reservar tempo para o descanso e o lazer. Conhecedor das inquietações mais profundas do coração do homem, Deus inspirou o rei Salomão a escrever um texto que nos dá paz e tranquilidade. O salmo 127 garante que o Criador providencia nosso sustento enquanto estamos dormindo. Que promessa maravilhosa!

O texto na *Bíblia Hebraica*,[4] publicada por uma editora especializada em obras judaicas e que apresenta a tradução para o português do hebraico e à luz do Talmude e de fontes israelitas, diz:

> A não ser que o Eterno edifique a casa, trabalham em vão os que a querem construir. Se ele não guardar a cidade, vã será a vigília da sentinela. Os que retardam seu sono até alta noite, acordam antes do amanhecer e dedicam-se arduamente a ganhar seu sustento, não alcançarão os bens que o Eterno concede aos que o amam, mesmo quando estes estão a repousar.

Segundo os comentaristas dessa versão do *Tanakh* (a Bíblia usada pelos judeus, equivalente ao Antigo Testamento dos cristãos), "uma pessoa não deve chegar a extremos para prover habitação e sustento para o seu lar, pensando que tem o poder de garantir resultados, pois somente Deus coroa os esforços com êxito. É o que ele fará para os que nele confiam, bastando apenas fazer a parte que lhes cabe".

Se obedecido, o quarto mandamento nos proporcionará uma qualidade de vida melhor. Caso esteja sofrendo um processo de estresse, experimente tirar um dia de folga para ir à praia ou

---

[4] Fridlin, Jairo; Gorodovits, David. *Bíblia Hebraica*. São Paulo: Sêfer, 2006.

fazer algo diferente do que está habituado. Tenho certeza de que vai se surpreender com a mudança em seu humor e em sua disposição. Todas as pessoas têm as mesmas 24 horas diárias para desfrutar, tanto o rico quanto o pobre, tanto o doente quanto o saudável. A diferença está na maneira que administramos esse bem escasso e não renovável. Sim, a única coisa que não podemos recuperar é o tempo perdido.

Entenda: a quantidade de tempo junto a alguém tem menor peso do que a qualidade do tempo. Quando se vive na mesma casa, também é assim que deve ser. Mulheres que cultivam sentimento de culpa por ter de trabalhar fora e passar muitas horas longe dos filhos devem se lembrar desta orientação: o tempo com as crianças deve ser com a maior dedicação possível — os trabalhos domésticos podem esperar, mas a relação com os filhos não. Viver junto não significa, necessariamente, *estar* junto. Isso só acontece quando dedicamos aos familiares a atenção que merecem. Abrir-se ao diálogo e ao carinho — esses são os ingredientes para a receita do convívio bem-sucedido, com evolução contínua.

Proponho um teste bem simples para verificar como anda esse aspecto de sua vida. Na última semana, você reservou meia hora que fosse para dedicar-se a alguma pessoa muito amada, para lhe transmitir a certeza da realidade desse sentimento? Espero que sim! Se não o fez, não perca mais tempo, experimente.

Compreenda o peso que há no seguinte conselho: "Se sua mãe não estiver morta ou na UTI , fique atento; corra, porque ainda há tempo". Se ao ler a respeito disso você se lembrar de alguém que tem negligenciado, recomendo que faça uma pausa nesta leitura e mude essa situação agora mesmo. Um simples telefonema pode proporcionar momentos de alegria e enriquecer relacionamentos fragilizados pela falta de atenção.

Uma última reflexão: em nossos dias, a igreja é muito criticada pela questão do dízimo. Contudo, já parou para pensar que Deus pede que você devolva como gratidão apenas 10% de seus ganhos financeiros, mas quer que você separe 1/7 de seu tempo? Isso significa que Deus valoriza mais o seu tempo do que o seu dinheiro. Ele deseja se relacionar conosco e, para que isso aconteça, é necessário reservar tempo. Como sempre acontece quando decidimos nos dedicar a alguém, somos os mais beneficiados nisso. Faça o teste!

Em resumo, invista tempo no descanso e no relacionamento com as pessoas que você ama. E deixe Deus fazer parte dessa lista — ele vai gostar.

DICAS PARA UMA vida melhor

- Tenha um dia por semana diferente de sua rotina.
- Nesse dia, pense em Deus, ore, cante, leia, visite, congregue, sirva ao próximo.
- Nesse dia, dê tempo para você, faça algo de que realmente goste.
- Nesse dia, dê tempo para alguém que você ama.
- Nesse dia, telefone, visite ou vá almoçar com seus pais.

5º MANDAMENTO

Honre o seu pai e a sua mãe, a fim de que você tenha vida longa na terra que o Senhor, o seu Deus, lhe dá.

Êxodo 20.12

Seja um filho exemplar

CAPÍTULO 9

Os quatro primeiros preceitos dos Dez Mandamentos fazem parte do que podemos chamar de *mandamentos verticais*. Mesmo que o quarto mandamento nos recomende a santificação de uma parcela do nosso tempo, penso que, talvez, possa ser visto com um sentido diferente do que se costuma interpretar. Eu entendo que ele nos remete mais ao sentido de separação, de pausa. Claro que, ao parar e, assim, sair da roda-viva, nos aproximamos de Deus. A partir do quinto mandamento, aprendemos a melhorar o relacionamento com o próximo e, com isso, nosso cotidiano naturalmente será mais repleto de vigor e prazer.

Logo ao nascer, já fazemos parte de um grupo: a família. E o primeiro dos *mandamentos horizontais* nos conclama exatamente a valorizar o relacionamento familiar. Ao contrário dos anteriores, esse não segue o padrão de verbo no imperativo *negativo* dos demais.

Além disso, é o único que traz uma promessa embutida. Se for cumprido, resultará em uma vida longa. Embora pareça uma ordem um tanto óbvia e fácil de ser cumprida, na prática percebemos que a relação entre pais e filhos sofre cada vez mais um processo de deterioração. Quem poderia imaginar que seria necessário contratar uma profissional da área de psicologia para resolver problemas domésticos? A ideia ainda transformou-se em um programa de televisão de sucesso em muitos países anos atrás, *Supernanny*, o programa que evidencia a decadência da estrutura familiar. É verdade que nem sempre os pais são um exemplo a ser seguido. Muitas vezes, não tratam os filhos com carinho nem lhes dedicam tempo ou atenção. Como honrar esse tipo de pais duros, insensíveis e até mesmo violentos?

O padrão bíblico de família é baseado no amor. Não foi Deus quem estimulou a inveja, a competitividade e o egoísmo. Ele é amor. Seu amor por sua criação foi tão grande que o Senhor deu seu bem mais valioso em favor de todos nós: seu próprio Filho. Ao examinar a magnitude do amor de Deus, somos desafiados a ser ótimos pais e mães. Ainda que não tenhamos recebido carinho paterno e materno durante nosso crescimento, devemos inspirar nossos filhos a desenvolver um amor de tal qualidade que remeta ao imensurável amor de Deus. Esse é um desafio que requer coragem e dedicação. Você é capaz de oferecer tamanho amor?

Com grande alegria, afirmo que Deus tem essa capacidade. Para compreender isso, vamos ler uma paráfrase desse mandamento, com uma redação diferente, porém com seu princípio preservado: "Honre o seu pai e a sua mãe, mesmo se erraram demais, se seguiram por caminhos inadequados, se o ofenderam, o magoaram e o violentaram". Sabemos que há casos de violência em muitas famílias, até mesmo de cunho físico e/ou sexual. Só mesmo um sentimento que verdadeiramente brota do coração de Deus é capaz de oferecer amor e perdão a quem nos provocou lacerações tão profundas no corpo e na alma. Apesar da intensidade do sofrimento, tenho convicção de que Deus pode substituir a mágoa pelo perdão, devolvendo a paz ao coração afligido pelas dores profundas vivenciadas.

Aprendi essa lição com Leonard Felder, autor de *Os dez desafios*, obra que serviu de inspiração para a escrita deste livro. Segundo ele, o desafio de honrar pai e mãe alcança até mesmo filhos violentados. Em tempos nos quais parte da população luta para fazer justiça com as próprias mãos, falar de perdão parece apenas utopia. No entanto, perdoar quem cometeu atos bárbaros produz libertação completa das garras cruéis do ressentimento. Se esse tipo de raiz não for removida, a alegria de viver pode ser completamente sufocada. Perdoar é soltar as correntes de alguém e, no fim, descobrir que quem estava preso era você mesmo. A psicologia revela que tendemos a repetir padrões de nossa vivência. Portanto, livrar-se de parâmetros inadequados, mediante o exercício do perdão, é uma atitude libertária cujos frutos são permanentes!

A questão aqui não é “que tipo de pais os meus foram”, mas, sim, “que tipo de filho eu serei”. Se, apesar de os seus pais terem sido negligentes ou abusivos, você for um filho exemplar, é possível criar um novo paradigma, uma nova história. E isso fará de você um pai ou uma mãe melhor, com uma nova perspectiva para os filhos que vier a ter.

DIÁLOGO E RESPEITO

Uma série de fatores tem contribuído para a desestruturação das famílias. É interessante lembrar que não se trata de um problema novo, pois, afinal, nem o núcleo familiar de Adão desfrutou de total harmonia. No entanto, o problema tem se agravado nas últimas décadas. O contínuo aumento do índice de divórcios sinaliza as dificuldades que sucessivas gerações de filhos de pais separados vão enfrentar.

No passado, os pais transmitiam aos herdeiros seus conhecimentos profissionais. O filho do sapateiro certamente seria um sapateiro. O de um carpinteiro, desde a infância aprenderia com o pai o ofício em sua oficina — com Jesus foi assim. Até pouco tempo atrás, existiam famílias de médicos, advogados, comerciantes, e isso se reproduzia nas mais variadas profissões. Com o avanço tecnológico e o acesso fácil à informação, hoje os jovens escolhem suas próprias carreiras, entram no mercado de trabalho, deixam o porto seguro dos lares de origem e seguem rumos individuais, fazendo com que em alguns casos a fruta caia bem longe do pé. Em muitos casos, a quebra do vínculo de dependência resulta também na quebra de autoridade e, com frequência, do respeito mútuo entre pais e filhos.

Quando pequenas, normalmente as crianças se submetem à autoridade paterna. À medida que crescem, devem passar a respeitar os pais cada vez mais por amor, a fim de que se fortaleça uma relação saudável e harmoniosa. Mas, durante toda a vida, os respeitarão por meio das atitudes. Não adianta os pais falarem uma coisa se suas ações são completamente opostas. Não existe lição mais profunda e eloquente do que o exemplo.

Sempre haverá problemas no âmbito da família. Entretanto, se pais e filhos aprenderam a conversar, se respeitar e reconhecer os erros de ambos os lados, quando as dificuldades surgirem, serão solucionadas e não fragilizarão o vínculo maior da união familiar: o amor.

Se, apesar de os seus pais terem sido negligentes ou abusivos, você for um filho exemplar, é possível criar um novo paradigma, uma nova história. E isso fará de você um pai ou uma mãe melhor, com uma nova perspectiva para os filhos que vier a ter.

UMA SOCIEDADE DOENTE

Em muitos lares, infelizmente a situação é oposta ao ideal bíblico de paz e harmonia. A falta de respeito no ambiente doméstico espalha-se como uma doença contagiosa para os outros lugares. Filhos não respeitam os pais. Alunos não respeitam os professores. Clientes e funcionários não se respeitam. Empregados não respeitam seus superiores. Motoristas não respeitam outros motoristas. Em suma, ninguém respeita ninguém.

A obediência à ordenança divina nesse quinto mandamento tem o poder de alterar o caos que vemos no mundo. Em primeiro lugar, devemos respeitar Deus. Em paralelo, nossos pais. Quando sairmos do nosso círculo familiar, certamente vamos respeitar o próximo, atuando como agentes propagadores de paz e harmonia. Quando esse processo, porém, é interrompido, seja no primeiro estágio, seja no segundo, é impossível que haja respeito pelo nosso semelhante. Ao respeitar nossos pais, aprendemos a fazer o mesmo com as demais autoridades.

No capítulo sobre o terceiro mandamento, refletimos sobre o valor do nome e chegamos à conclusão de que o respeito é uma das formas de honrá-lo. O princípio também é verdadeiro em relação aos pais. Assim como honramos, respeitamos e valorizamos o nome de Deus, também devemos honrar, respeitar e valorizar o nome e a história dos nossos pais. Afinal, é deles que recebemos um nome e um sobrenome.

Na sociedade japonesa, esse conceito é fortemente enraizado e, diriam alguns, radical até demais. Em casos extremos, quando algum político, empresário ou até mesmo um estudante vive um grande fracasso ou é acusado de corrupção, a saída mais honrosa é o *harakiri*, ou *seppuku* (suicídio pelo corte do abdômen), por ter sujado a honra da família. É o mesmo ritual que os antigos samurais utilizavam quando julgavam que haviam maculado o nome de seus ancestrais. Sem honra, sem vida. Isso é radical, mas profundo.

QUEM HONRA CUIDA

A honra sempre envolve o zelo. Desde o nascimento, o filho está sob o cuidado dos pais. Com o passar do tempo, a situação será invertida. Confesso que isso me assusta um pouco. Inúmeras vezes, assistimos nos noticiários à história de idosos que foram negligenciados por suas famílias. Em diversos lugares, pessoas de idade são literalmente abandonadas em locais que não teriam condições sequer de abrigar animais.

Por outro lado, os filhos devem estar conscientes dos limites e das dificuldades de cuidar de uma pessoa idosa. Às vezes, encaminhar o pai ou a mãe para uma casa de repouso, onde terá cuidado permanente e profissional, é um gesto de muito mais amor do que sacrificar sua vida e a de sua família para manter um idoso em condições desfavoráveis dentro de casa. No caso da necessidade de internar os pais, o importante é a atenção e a frequência com que o filho manterá contato com eles.

Ao zelar pelos pais e participar da vida deles, os filhos não estão apenas exercendo uma obrigação de cuidado. Na verdade, acredito que Deus nos chama para um relacionamento em que os pais terão a oportunidade de transmitir a sabedoria adquirida com o tempo aos filhos. Se houver respeito às orientações e experiências dos pais, muitas vezes os filhos poderão evitar decepções e erros, vivendo mais e melhor. Essa é a maior herança que podemos receber deles! Vale dizer que a *melhor* herança (como conceito absoluto) que podemos receber é a vida eterna (1Pedro 1).

Claro que a relação de dependência não deve perdurar a vida inteira. Na própria Escritura, Deus nos indica o segredo para um casamento começar bem: "Por essa razão, o homem deixará pai e mãe e se unirá à sua mulher, e eles se tornarão uma só carne" (Gênesis 2.24). O homem deve desligar-se de seus pais (principalmente da sua mãe, diriam algumas esposas...) para se dedicar ao novo lar. O que não significa que dará as costas e passará a desprezar aqueles que zelaram por sua vida até então. Claro que a mulher também não deverá buscar a imagem do pai no marido, senão o casamento estará fadado à decepção.

Às vezes, muitos pais fazem uso da orientação de serem honrados, para criar divisões e conflitos entre seu filho e a nora ou entre sua filha e o genro. Isso é incorreto. Honra envolve consideração, cuidado e amor, mas não significa concordar com tudo o que os pais pensam. É possível discordar sem desrespeitar. E isso vale para os dois lados dessa relação. Muitos filhos justificam sua atitude de abandono por terem sido maltratados ou negligenciados por seus pais. É importante enfatizar que esse mandamento deve ter contrapartida do lado paterno.

Como pai, devo estar atento ao tipo de relacionamento que tenho com meus filhos. Devo adverti-los e ensiná-los, sempre com amor e respeito. Não com uma atitude interesseira — para que eles cuidem bem de mim no futuro — nem em um clima de medo e ameaças. Em sua carta à igreja de Éfeso, o apóstolo Paulo chegou a orientar os pais (do sexo masculino) que "não irritem os seus filhos" (Efésios 6.4). Outro desdobramento desse mandamento é que os filhos também devem nutrir um sentimento verdadeiro de amor para com os pais. Em muitos casos, os filhos aparentam gostar de seus genitores apenas quando têm seus desejos e necessidades satisfeitos. Chegam até ao extremo de utilizar estratégias variadas para obter aquilo que cobiçam. Quando isso acontece, denota que o respeito já não faz parte do convívio doméstico.

Honra envolve também carinho e perdão. Há casos de filhos abandonados após o nascimento que, quando crescem, saem à procura da mãe biológica, mesmo com as feridas provocadas pelo sentimento de rejeição. Essa busca nem sempre é empreendida com o objetivo de manter um relacionamento, mas simplesmente para a prática do perdão. Mais uma vez, os benefícios dessa atitude magnânima são mútuos e têm valor terapêutico quase imensurável para ambos os envolvidos.

O desafio que Deus nos apresenta é o de honrar incondicionalmente pai e mãe, a despeito de como agiram conosco. Isso somente será possível quando compreendermos a qualidade do amor que Deus tem por nós. Como disse o escritor e monge trapista Thomas Merton, "o amor dá e recebe, mas primeiro dá, e, dando, recebe". Lembre-se sempre de que amor não é só o que você sente; amor é o que você faz.

DICAS PARA UMA vida melhor

- Seja um bom filho, independentemente de seus pais serem bons pais.
- O amor e o respeito aos seus pais devem ser a expressão do amor que Deus demonstra dia após dia por você e será um modo de ensinar seus filhos sobre o próprio amor e sobre família.
- Você pode escolher outro papel em que também quer se sair bem (como tio, avô, professor ou amigo).

6º MANDAMENTO

Não assassine.

Êxodo 20.13

Preserve toda forma de vida

CAPÍTULO 10

"Não assassine" é uma ordem explícita, que tem sido evocada em diversas campanhas em favor da vida. No entanto, um exame atento do texto bíblico pode fornecer pistas para uma compreensão ampla do que Deus quis nos dizer com esse preceito. O verbo hebraico utilizado nessa passagem, *ratsach*, significa especificamente *assassinar seres humanos*, ou *cometer homicídio*. Embora *matar* e *cometer homicídio* sejam termos bem próximos, assumem dimensões diferentes — uma vez que *homicídio* refere-se especificamente a matar pessoas.

A ação de matar pode se referir a várias coisas, como, por exemplo, tirar a vida de um animal. Já assassinar é especificamente eliminar um ser humano, seja por ódio, seja por vingança, para fazer justiça com as próprias mãos, e por aí vai. Há outra interpretação interessante desse mandamento, que o entende da seguinte maneira: "Não construam uma sociedade que mata". De acordo com esse raciocínio, não é apenas quem puxa o gatilho o responsável por uma morte. Somados, os ciclos da violência, da impunidade, da desigualdade social e da negligência incluem cada um de nós. Indiretamente, somos responsáveis por essa sociedade que mata, principalmente quando fechamos nossos olhos, nos calamos e cruzamos os braços diante de situações arbitrárias e injustas.

Por outro lado, além do atentado contra a vida do próximo, também podemos atentar contra nossa própria vida. E não falo explicitamente do suicídio, quando uma pessoa salta de um prédio, pula na linha do metrô ou atira em si mesma. Escrito em 1647, o *Catecismo Maior de Westminster* afirma que "os deveres exigidos no sexto mandamento são todo o cuidado e todos os esforços legítimos para preservar a nossa vida e a de outros [...] [por meio] do uso sóbrio da comida, bebida, remédios, sono, trabalho e recreios".

Você tem certeza de que seus hábitos alimentares e de comportamento não o estão levando a uma espécie de suicídio lento e gradual? Estou certo de que "não assassine" é uma ordem genérica, aplicando-se a todas as áreas que incluem a preservação não apenas da vida, mas também da saúde. A maioria das pessoas reprova o suicídio com veemência, sendo essa uma palavra que hoje em dia até se evita dizer. Contudo, algumas atitudes para com o próprio corpo acabam denotando falta de amor pela vida. Se não aceitamos o ato de pôr fim à própria existência instantaneamente, devemos igualmente eliminar práticas que, aos poucos, minam a saúde e subtraem o vigor físico, mental e intelectual. Não faz sentido proibir ou condenar o suicídio como ação e não ter a mesma posição quanto ao suicídio praticado em um processo lento.

Seria simplista enumerar aqui somente hábitos nocivos e largamente condenados, como o consumo de drogas e de cigarro. Os cuidados com a saúde vão bem além e incluem alimentação balanceada, prática de exercícios físicos e visitas regulares ao médico, entre inúmeras atitudes recomendadas.

A VIDA ESTÁ DENTRO DE VOCÊ

O cuidado com o corpo não deve se tornar uma obsessão. Se isso acontecer, trata-se de uma infração clara ao segundo mandamento. É crescente o número de pessoas que idolatram o próprio corpo e, por isso, dedicam-se a dietas desumanas, a horas intermináveis de malhação nas academias, a exageradas intervenções plásticas, ao consumo irresponsável de medicamentos para emagrecer ou rejuvenescer e a ações similares.

A despeito dos exageros comuns, devemos cuidar do corpo com carinho. Equilibrar a alimentação. Fazer caminhadas regulares. O exercício de levantamento do controle remoto e o de lançamento de salgadinhos ao estômago têm um resultado fatal: sedentarismo e doenças, como hipertensão, diabetes e obesidade. Apresentar problemas emocionais e não procurar ajuda é outra espécie de "suicídio em prestações". Deus tem usado terapeutas, psicólogos e outros profissionais para restaurar a saúde emocional de milhares de pessoas. O equilíbrio nessa área é tão importante como a boa saúde física. Ambas, aliás, se inter-relacionam, com reflexos mútuos, tanto positivos quanto negativos. Por que será que buscamos socorro imediato quando surge uma dor física e padecemos durante anos de dores na alma que poderiam ser tratadas com sucesso por profissionais especializados?

Da mesma forma que ser cristão não nos garante saúde física permanente, levando-nos aos consultórios médicos para sanar certas enfermidades, esse mesmo cuidado deve se estender à saúde mental. Como está registrado nas Escrituras, seu corpo é o templo do Espírito Santo. Cuide dele com carinho!

PALAVRAS FEREM E PODEM MATAR

Reconhecer e expressar os sentimentos é uma forma excelente de conservar a saúde emocional. Todavia, constantemente somos machucados por palavras e atitudes e nem sempre temos a capacidade de reagir de forma adequada. Lidar com a raiva é um dos desafios mais comuns, mas, nem por isso, é fácil de ser superado.

No livro *Raiva: seu bem, seu mal*,[1] a psicóloga clínica Esther Carrenho afirma que muitas pessoas cometem um erro comum ao lidar com esse sentimento: "Com o intuito de não ceder ao mal da raiva, confundimos *reconhecer*, *administrar* e *controlar* com *negar*, *bloquear* e *reprimir*". Segundo Esther, "quando não somos acolhidos ou não podemos expressar nossos sentimentos, podemos amortecer e bloquear o desenvolvimento do lado emocional". Não mantenha os sentimentos em celas. A maior vítima sempre será você!

Uma das formas truculentas e inadequadas de a raiva se manifestar é por meio das palavras. Enquanto alguns utilizam armas para cometer um homicídio, outros são capazes de matar o emocional de um indivíduo apenas com suas palavras. Jesus disse: "Vocês ouviram o que foi dito aos seus antepassados: 'Não assassine', e 'quem assassinar estará sujeito a julgamento'. Mas eu digo a vocês que qualquer que se irar contra o seu irmão estará sujeito a

---

[1] Carrenho, Esther. *Raiva: seu bem, seu mal*. São Paulo: Vida, 2005.

julgamento" (Mateus 5.21-22). O Senhor alertou que uma simples palavra pode ferir de morte a autoestima de alguém. Cuidado com as sentenças que saem de sua boca. Elas podem ser tão mortíferas como tiros de uma arma de fogo.

Cada frase proferida sempre causa um efeito. Bom ou mau. Quando elogiamos o trabalho realizado por uma pessoa, ela sente-se completa, feliz e reconhecida. Se criticamos impiedosamente o que foi feito, matamos a pessoa por dentro, prejudicamos sua autoestima. Ao ressaltar as virtudes de um indivíduo, mesmo na ausência dele, colaboramos para o seu crescimento. O oposto também é igualmente verdadeiro. Quando fofocamos, destacamos defeitos ou mesmo mentimos a respeito de alguém, estamos assassinando a sua reputação.

Nossas palavras podem ser uma arma mais destruidora do que um revólver ou uma bomba. Não mate as pessoas. Não mate a autoestima que têm. Quando você ri, despreza ou debocha de alguém, torna-se um homicida emocional. Não suje suas mãos de sangue: respeite o próximo, suas escolhas, sua vida, seus gostos. A tolerância é uma virtude que deve ser cultivada para fazer florescer os relacionamentos.

Muitos estudos demonstram o poder que os pais e professores têm sobre a vida e o desempenho de quem está sob sua autoridade. Em especial, as crianças levam muito a sério o que é dito por eles. Há palavras e frases que, por seu conteúdo e entonação, marcam negativamente uma vida para sempre. Não faz sentido considerar hediondo matar uma criança e não ter a mesma convicção sobre condená-la a uma vida com autoestima ferida ou com sentenças de fracasso marcadas em sua alma.

Marido e mulher também têm grande poder de destruição do seu cônjuge, caso usem o que conhecem do outro para ofender ou diminuir. Muitos homens são especialistas em destruir a autoestima de sua parceira. Seja com palavras, gestos ou até mesmo olhares, é preciso cuidar para não promovermos a morte de uma das partes mais importantes da pessoa que está próxima de nós: sua autoimagem, autoestima, dignidade e respeitabilidade.

NÃO MATE O PLANETA

Embora o sexto mandamento refira-se especificamente à morte de seres humanos, precisamos lembrar que, ao matar o ambiente onde um ser vive, estamos promovendo indiretamente a morte desse ser. Por isso, o cuidado com o planeta é também o cuidado com as pessoas que nele habitam. Você pode cuidar do seu corpo e da sua mente, não maldizer as pessoas e, ainda assim, ser um assassino. Temos de refletir sobre o que temos feito com o lugar no qual Deus nos pôs para viver.

De acordo com os primeiros capítulos do livro de Gênesis, o Criador plantou um jardim e delegou ao homem as tarefas de *cuidar* e *guardar*. A harmonia não foi duradoura e, em pouco tempo, o homem transgrediu as regras estabelecidas. Desde os tempos de Adão, a desobediência aos princípios divinos tem provocado danos à natureza. Segundo o profeta Isaías, "A terra está contaminada pelos seus habitantes, porque desobedeceram às leis, violaram os estatutos e quebraram a aliança eterna" (Isaías 24.5).

Sem consciência ambiental, quase todos os dias temos contribuído para a degradação do planeta. Jogar o lixo em local impróprio, andar com o carro desregulado e desperdiçar água na hora do banho são atitudes aparentemente sem importância, mas que, na realidade, põem em risco toda a população.

Ecologia virou um termo em voga. Diversas organizações não governamentais foram criadas para salvar pandas, tartarugas e florestas. Outras destacam o valor da reciclagem. Grandes atos são necessários, concordo. Mas também é vital conscientizar as pessoas de que pequenos atos têm enorme valor. Como em outras áreas, a ignorância tem preço altíssimo. Segundo pesquisas, cerca de 30% dos alimentos são desperdiçados no Brasil todos os anos, tanto na produção quanto no consumo. Para complicar ainda mais o panorama, o lixo alimentar brasileiro é o mais volumoso do mundo. Imagine a quantidade de pessoas que poderiam ser alimentadas se o desperdício fosse reduzido em alguns pontos percentuais.

Outro tema em evidência é o clima. É fato que o aumento da temperatura tem consequências terríveis. As geleiras derretem, o nível dos mares sobe, cidades litorâneas são submersas. Contudo, como as projeções dizem que os desastres não vão acontecer em pouco tempo, muitos perdem a noção da urgência, pois afinal, "quando tudo isso acontecer, já terei morrido há muito tempo". Devemos, porém, pensar no próximo, não apenas naquele que vemos ou é nosso contemporâneo, mas também nas gerações vindouras. Devemos pensar no mundo em que viverão nossos filhos, netos e bisnetos. Será que deixaremos para eles um planeta menos poluído e mais equilibrado, ou um ambiente destruído, com escassez de água, excesso de poluição, doenças e péssimas condições de vida?

O livro *Missão integral: ecologia & sociedade*,[2] escrito por dezesseis autores e organizado por Paulo Roberto Borges de Brito e Solange Cristina Mazzoni-Viveiros, fornece dicas práticas para a

---

[2] Brito, Paulo Roberto Borges de; Mazzoni-Viveiros, Solange Cristina (orgs.). *Missão integral: ecologia & sociedade*. São Paulo: W4 Editora, 2006.

mordomia ambiental em relação ao consumo responsável, outra área que temos negligenciado: "Adotar a 'simplicidade voluntária' como estilo de vida; buscar qualidade e evitar produtos com grande impacto ambiental; recusar produtos derivados de espécies em extinção; levar em conta a biodegradabilidade do produto; praticar os três Rs: *reduzir*, *reutilizar* e *reciclar*". O desafio está lançado.

Lembre-se: preservar a sua vida e a dos outros traz benefícios para seu corpo e sua mente, para aqueles que vivem ao seu redor e para o planeta.

DICAS PARA UMA vida melhor

- Não mate os outros (honra, imagem e autoestima também).
- Não pratique o suicídio, nem mesmo aos pouquinhos (suicídio a longo prazo).
- Não mate sonhos e alegrias. Nem os seus nem os de ninguém.

7º MANDAMENTO

Não adultere.

Êxodo 20.14

CAPÍTULO 11

Invista em seu casamento

O casamento é um compromisso, um acordo estabelecido pela vontade de duas pessoas que, por alguma razão, querem ficar juntas. Dito isso, vamos falar do mandamento e do que ele abarca. Sei que o assunto é delicado. Não ceda à tentação de pular a leitura deste capítulo, mesmo sob a desculpa de "não sou casado" ou "não sou comprometido". Ao final, você descobrirá que esse mandamento é tão importante para os solteiros quanto para os casados e comprometidos. Uma pergunta para iniciar nossa reflexão: Como restaurar um relacionamento quando houve quebra de confiança?

Outra questão importante: Você investe regularmente em seu relacionamento ou tem necessidade de sair à procura de novidades? Quando isso acontece, normalmente suscita uma série de mentiras que acabarão corroendo a base da relação e provocar ruína total em algum tempo. O sofrimento desse tipo de ocorrência comum atinge não apenas os envolvidos, mas também todo o círculo mais próximo, constituído por família e amigos.

A busca contínua de novos prazeres é um sinal de imaturidade, tanto de homens quanto de mulheres. Acredito que a maturidade e a experiência nos estimulam a aperfeiçoar cada vez mais o relacionamento, preciosidade que requer a máxima atenção. Amigos que mudam de mulher a cada semana já me confessaram que chega uma hora em que todas lhes parecem iguais. Se a sensação de novidade desaparece cada vez em menos tempo, por que não manter a tentação sob controle e investir em uma relação sadia e duradoura?

A lealdade é uma qualidade em decadência em vários setores. Sua ausência provoca relacionamentos superficiais, tanto nas amizades quanto em namoros. Investir tempo em uma pessoa na qual você não pode confiar e com quem não tem como compartilhar seus anseios e projetos é garantia de uma série de frustrações futuras para os dois lados.

Quando Deus diz "não adultere", está desafiando você a aperfeiçoar o caráter, crescer em maturidade e viver de acordo com os valores em que afirma acreditar. Pessoas infiéis criam tantas histórias para acobertar seus deslizes que passam a viver em uma espécie de mundo virtual, que existe apenas em sua imaginação.

A QUEM INTERESSA A FIDELIDADE?

Você já deve estar acostumado a ouvir falar desse assunto sobre o prisma dos interesses de Deus ou os de seu parceiro. Não é por esse caminho que desejo seguir. Pergunto-lhe: a fidelidade eventualmente não pode ser algo do seu interesse? Sim, porque é normal as pessoas acharem que precisam ser fiéis para Deus não mandar um raio sobre sua cabeça ou apenas para seu cônjuge ter o monopólio de seu tempo e das atenções afetivas. Mas a verdade é que, se você está insatisfeito com seu marido ou sua esposa, provavelmente não está muito disposto a prestar-lhe esse tipo de homenagem. E não é de hoje que, quando uma relação não vai bem, a pessoa insatisfeita também dirige seu ressentimento contra Deus. Isso começou no Éden!

Ou você não se lembra que Adão, depois de toda a bagunça, virou-se para Deus e disse: "... a mulher que me deste..."? Quando estamos carentes, o Senhor também vira culpado de nossa insatisfação. Portanto, não vou falar sob o prisma dos interesses de seu cônjuge e de Deus, mas do seu.

Há quem diga que a ideia dos mandamentos era controlar a sociedade, as relações sociais, e, para isso, era preciso proibir o adultério, o furto e outras atitudes perniciosas que levariam a ordem social a ruir. Só que Jesus destrói essa ideia; ele diz para você nem mesmo pensar em adulterar.

Percebemos que, em grande número de vezes, os amantes que se separam para ficar juntos não ficam! Isso acontece porque uma coisa é ter uma relação eventual, com todos perfumados e debaixo de uma aparente perfeição, e outra é a relação do cotidiano, que pode ter ou não partes boas — mas que sempre tem as partes difíceis, como pagar contas, resolver problemas e administrar as dificuldades de criação dos filhos.

Depois de muito tempo acompanhando histórias e mais histórias de casamentos frustrados e "cercas puladas", posso dizer que, em boa parte das vezes, o que os responsáveis estão procurando é admiração, romance, carinho, elogios, intimidade, leveza. E pior, depois de uma fase inicial, quando isso tudo até pode acontecer, vem uma conta enorme, que pode adquirir várias formas. A proposta é, então, tentar obter o suprimento para essas necessidades com a pessoa mais indicada para isso: aquela que *já* dorme ao seu lado todas as noites!

Pode parecer difícil, quase impossível, às vezes, mas seu cônjuge é quem mais conhece você e é a melhor indicação de pessoa para criar uma relação forte o suficiente que permita lidar bem com a rotina. O que não falta são relações fora do casamento leves e tranquilas, até o dia em que precisam assumir o peso das tarefas do cotidiano.

UMA SÓ CARNE

Ao examinar o quarto mandamento, enfatizamos a importância de observar pausas e fugir da rotina. Para muitas pessoas, essa necessidade é suprida pela amante ou pelo amante. Não só a fuga, como a necessidade natural de receber carinho, atenção, de ser admirado, desejado. Contudo, essa fuga pode muito bem ser feita com o próprio cônjuge. Seria algo muito mais simples e seguro.

A Bíblia afirma que nos tornamos uma só carne quando nos casamos. Portanto, se você trai seu cônjuge, também se trai. Na relação conjugal, não há fracassos individuais. Da mesma forma que o sucesso de um se estende ao outro, o fracasso também é do casal. Isso significa ser "uma só carne". O "eu" deve ser substituído pelo "nós"!

A verdade é que, se você não está com tempo para investir em um parceiro, será que vai ficar mais fácil investir em dois? Ou três? Você, provavelmente, não gostaria de ser traído pelo seu cônjuge. Por que, então, não pensa em evitar ser o traidor? Quando se divide uma relação entre duas pessoas (ou três, ou quatro...), definitivamente está fazendo um mau negócio.

Segundo o *Dicionário Aurélio*, adulterar significa "misturar ou colocar alguma coisa diferente, ruim, em algo que é original, bom".

No adultério, desrespeitamos uma aliança firmada diante de Deus e rompemos os votos de fidelidade feitos no momento da união. Por meio de nossos atos, afirmamos egoisticamente que não nos importamos mais com o outro e, para satisfazer nossas vontades, passamos por cima de tudo e todos.

Certo tipo de carência afetiva pode aparecer tanto nos homens quanto nas mulheres. Basta que as necessidades de apoio, afeto e intimidade não sejam supridas para que a luz amarela de advertência se acenda. Perigo à vista. Hora de correções na rota.

A Bíblia condena o adultério, mas, se você não cuidar de sua relação afetiva, está concorrendo para aumentar suas próprias chances de ser alvo de traição. A melhor forma de alguém não querer beber água é estar com a sede saciada. Qual, então, é o desafio? Fazer que essa vida em comum seja de alta qualidade (não apenas satisfatória) para ambos. Tratar de cuidar de seu par da melhor maneira possível. Só assim essa pessoa estará "imunizada" contra oportunidades que eventualmente surjam. Não se trata, portanto, apenas de evitar a tentação do adultério para si, mas também para quem compartilha a vida com você.

Este não é um assunto fácil, nem existem fórmulas prontas, mas há desafios a serem vencidos para que o adultério *não* seja uma opção. Se um dos cônjuges desconhece ou ignora de forma deliberada as dificuldades vividas pelo outro, dificilmente caminharão no mesmo ritmo, e a cada dia a distância entre eles aumentará.

Se estiver sofrendo a tentação de viver um romance fora do casamento, anteveja onde isso vai dar. Procure resolver as carências dentro da própria relação em que já está. E, claro, evite a pessoa que põe em risco sua relação conjugal. A partir do momento em que as carências forem compartilhadas com seu cônjuge, se a relação entre vocês for verdadeira, encontrarão caminhos e soluções. Caso existam tensões mal resolvidas no casamento — o que enfraquece o vínculo e pode levar você a buscar outras pessoas —, lembre-se de sistematicamente conversar sobre as dificuldades e fortalecer a relação. Faça de seu cônjuge um cúmplice, um conselheiro e um porto seguro.

C. S. Lewis escreveu que "a monstruosidade das relações sexuais fora do casamento é que os que concordam com elas procuram isolar uma espécie de união (a sexual) de todas as outras espécies de união, que foram destinadas a coexistirem e a formarem a união total". Não vou dizer que não existem pessoas que se sentem felizes com essa opção; quero apenas que você reflita sobre as terríveis consequências que pode ter de enfrentar. São sempre escolhas pessoais, ressalto, que inevitavelmente gerarão resultados — positivos ou negativos.

UNIDOS PARA SEMPRE

O Evangelista Mateus registra um comentário de Jesus sobre o adultério: "Vocês ouviram o que foi dito: 'Não adultere'. Mas eu digo que qualquer que olhar para uma mulher e desejá-la já cometeu adultério com ela no coração" (Mateus 5.27). Ao contrário do que apregoa o equivocado ditado popular "Longe dos olhos, longe do coração", o Senhor esclarece que os mandamentos vão muito além de uma simples lista de "faça" e "não faça".

De acordo com as palavras do Mestre, a existência do adultério não exige a ocorrência na prática. O simples desejo já é suficiente para configurar a infidelidade. Esse raciocínio provavelmente levará alguns apressadinhos a pensar: "Se imaginar o fato já é pecado, melhor consumá-lo de uma vez!". Sempre existem aqueles que antecipadamente buscam argumentos e desculpas enquanto engendram fazer o que não devem.

Obviamente, quando há apenas o desejo, a tentação, trata-se de algo menos grave, porque não acarreta maiores consequências externas. Contudo, quando o mal encontra terreno fértil no coração, o caminho para a traição é sensivelmente encurtado. Basta um conjunto de circunstâncias e falta de atenção para depois sofrer consequências que vão desde a culpa até o desfecho triste de inúmeros casos de traição: o divórcio.

Tudo isso, porém, ainda diz respeito à lei, e Jesus quis ir muito mais adiante. Não basta que alguém deixe de trair seu cônjuge meramente por medo ou para cumprir uma determinação que muitos classificam de "legalista". O que Cristo propõe é que a pessoa cultive seu relacionamento o suficiente para que nem sequer passe pela sua mente a possibilidade de desestruturar algo sagrado, que lhe proporciona alegria e incontáveis momentos de felicidade compartilhada.

É importante salientar que Deus instituiu o casamento, a relação entre um homem e uma mulher. Ele tem todo o interesse de que esse relacionamento seja estável, pleno, maduro e feliz. Por isso, esse mandamento não envolve apenas a relação entre um casal. O respeito ao sexo oposto deve anteceder o casamento.

Infelizmente, parece que a sociedade desistiu. A campanha pelo uso do preservativo é mais disseminada do que a de valorização da relação entre os sexos. Esperar o momento certo, dentro do vínculo matrimonial, torna-se cada vez mais difícil não só pela perda de valores éticos e morais, mas também pelo bombardeio constante de sensualidade nas novelas, nos filmes e nas revistas expostas nas bancas de jornais, entre outras mídias. Sem contar a pornografia explícita disponível a pessoas de qualquer idade ao simples toque no celular.

Uganda conseguiu reduzir a aids sugerindo a fidelidade entre os cônjuges, mas falar sobre isso no Brasil é considerado retrógrado e conservador. Esta não é uma novidade: a fidelidade reduz drasticamente os riscos de infecções e doenças. Basta observar algumas comunidades virtuais de jovens para ver a disputa de quem "ficou" com mais parceiros durante as férias ou quantas meninas agarrou no último Carnaval. O envolvimento foi reduzido a uma mera questão estatística, e a promiscuidade ocorre igualmente para rapazes e garotas. Sem amor e respeito pelo próprio corpo e o do seu próximo, provavelmente a insatisfação será companheira no leito conjugal.

Interessante observar que, se você chegasse a um país onde todas as propagandas fossem feitas com comida, chegaria à conclusão de que é um lugar onde faltam alimentos. No nosso caso, o excesso de apelo sexual parece demonstrar que, embora haja quantidade de sobra de acesso ao sexo, aparentemente a qualidade e a satisfação proporcionadas não estão no mesmo nível.

Esse mandamento é um chamado à construção de uma relação sólida entre o casal, baseada no respeito mútuo, na confiança e na plena satisfação de ambos. Um parceiro é o suficiente para satisfazer as necessidades afetivas, sexuais e sociais. E, se um não der conta disso, provavelmente não serão muitos que conseguirão — afinal, a relação obviamente não receberá toda a atenção, o foco e o investimento possíveis e que poderiam resultar em um relacionamento satisfatório, agradável e exclusivo.

Deus ama você — nunca duvide — com seus pecados e defeitos, embora ele o chame constantemente ao arrependimento. As Escrituras revelam que o Senhor está sempre pronto a perdoar. Contudo, esse amor também deve nos motivar a trilhar com convicção o caminho da pureza e da maturidade. Ele sabe o que é melhor para todos os seres humanos! Quem cuida bem do seu quintal não tem tempo para olhar para a grama do vizinho. É assim, aperfeiçoando nosso próprio espaço, que construímos uma vida de grande significado e aproveitamos todos os nossos potenciais.

Um último ponto importante: embora esse mandamento tenha um sentido prático muito grande nas relações interpessoais, devemos também analisar o aspecto espiritual. Muitas vezes, na Bíblia, o relacionamento entre Deus e seu povo é apresentado metaforicamente como uma relação entre a noiva (igreja) e o noivo (Cristo). Assim como uma relação fica frágil se é baseada no interesse — se o homem ou a mulher só se casa ou mantém uma amizade para se aproveitar do carro, do dinheiro, do sucesso ou da dedicação do outro —, nossa relação com Deus também não pode ser baseada no interesse de termos uma vida fácil, o casamento perfeito, o emprego dos sonhos, enfim, a prosperidade que muitos pregam.

Deus não nos prometeu uma vida cheia de riquezas materiais e saúde física o tempo todo. Ele nos chama para uma relação de confiança e dependência. De fidelidade e amor. Assim como deve ser nossa relação no casamento.

DICAS PARA UMA vida melhor

- Torne a relação com seu cônjuge interessante o suficiente para você não querer o cônjuge do outro.
- Se um parceiro já dá trabalho (e despesas), imagine dois!
- Um parceiro é o suficiente para você se divertir e aproveitar a vida.

8º MANDAMENTO

Não furte.

Êxodo 20.15

CAPÍTULO 12

Respeite o que é do outro

Quando penso no mandamento de Deus para não furtar, logo me vem à mente o décimo e último mandamento e a expressão "não cobice". Trataremos da cobiça mais à frente. No caso do oitavo mandamento, Deus nos fala de um ato consumado, um acontecimento, algo que você faz contra o próximo (e, às vezes, contra você mesmo). De que modo você pode obter o que deseja na vida conservando a sua integridade? Se for um empresário, será que tem remunerado corretamente os seus funcionários, ou os tem explorado? Se for um empregado, tem agido corretamente com o seu chefe?

Assim como vimos anteriormente que matar e cometer homicídio parecem a mesma coisa, mas têm suas diferenças, também *roubar* e *furtar* são verbos com significados sutilmente distintos. Resumidamente, o roubo pressupõe a presença da vítima, mediante o uso de violência (física ou emocional), ou grave ameaça. Já o furto é ardiloso, calculado, pelas costas, algo que só se descobre depois (e, às vezes, nem se descobre).

Como você pode furtar algo? Não vejo o furto de uma forma tão claramente definida como o ato do assaltante. Por exemplo, creio que está furtando quem enriquece à custa do outro, mediante expedientes lícitos ou ilícitos. Também furtamos quando tiramos algo de alguém, ficamos com alguma coisa que não nos pertence, seja ela material, seja intangível, como, por exemplo, o tempo. Repare que o lucro exagerado é biblicamente considerado defraudação. Logo, pela lei civil é algo que pode ser lícito, mas, biblicamente, é ilícito e, por isso, podemos compará-lo a um furto.

Com esse mandamento, Deus sugere que você compare o seu comportamento diário com o daqueles que não têm uma aliança com ele, para perceber se há alguma diferença. Você não pode simplesmente viver uma vida igual à de todas as pessoas que não acreditam em Deus.

Acredito que todos os mandamentos estão intimamente relacionados. Por isso, novamente retomo a questão da honra. Devemos honrar a Deus, nossos pais e, sem dúvida, nosso empregador ou nossos empregados. Caso você seja funcionário de uma empresa, como utiliza o tempo durante o horário de expediente? Executa suas tarefas com dignidade e presteza, ou faz hora para matar o tempo? Se perceber que não trabalha como deveria, você está furtando a empresa.

Em tempos modernos, muitas coisas desviam nossa atenção daquilo que deveríamos fazer. Por exemplo: você usa a internet e seu *e-mail* funcional de forma desordenada? Imprime páginas e mais páginas de papel na impressora do trabalho para seu uso

Você não pode simplesmente viver uma vida igual à de todas as pessoas que não acreditam em Deus.

pessoal, sem a anuência de seu superior? Utiliza o telefone o tempo todo para falar com amigos ou resolver negócios pessoais? Leva umas canetas a mais para sua casa, pois, afinal, "ninguém está vendo" ou, pior, "todo mundo faz isso"? Ao furtar seu chefe, você desonra o nome dele, o de sua empresa, seu próprio nome, o de sua família (portanto, o dos seus pais) e o de Deus. Caso seja descoberto, será sempre alvo de desconfiança, além de correr o sério perigo de perder o emprego.

Da mesma forma, o patrão "furta" seus empregados quando não recolhe as garantias empregatícias, como FGTS e INSS, ou quando deixa de fazer o pagamento de horas extras, ou até mesmo de um salário mais justo. Infelizmente, certas práticas são tão comuns que pouca gente percebe os princípios que são violados a cada vez que isso ocorre. Juridicamente falando, esse "furto" pode ter outros nomes, como "apropriação indébita", mas, para facilitar a compreensão da ideia, vamos usar o termo "furto".

Todos esses cuidados também são necessários no meio eclesiástico. Se os recursos obtidos na igreja são investidos apenas para proporcionar uma vida luxuosa aos líderes, a congregação está sendo furtada, assim como quem seria ajudado por eventual ação social da igreja. O texto de Levítico 19.9-13 repete alguns mandamentos, porém com algumas orientações diferentes.

> "Quando fizerem a colheita da sua terra, não colham até as extremidades da sua lavoura nem ajuntem as espigas caídas da sua colheita. Não colham tudo da sua vinha nem apanhem as uvas que tiverem caído. Deixem-nas para o necessitado e para o estrangeiro. Eu sou o SENHOR, o Deus de vocês.

> "Não furtem.
>
> "Não mintam.
>
> "Não enganem uns aos outros.
>
> "Não jurem falsamente pelo meu nome, profanando, assim, o nome do seu Deus. Eu sou o SENHOR.
>
> "Não oprima nem roube o seu próximo."

Observe que Deus nos orienta não só a não furtar e não mentir, mas também a não enganar os outros. Até a advertência contra a retenção do pagamento de funcionários faz parte da mesma lista de proibições. Com tristeza, observo que as instruções de suprir alimentos para os necessitados têm sido tão negligenciadas como os outros mandamentos. Dentro e fora das igrejas.

VANTAGEM EM TUDO

Vivemos em um país no qual as leis são desrespeitadas o tempo todo. Ainda assim, somos pródigos em estabelecer expedientes criativos que assumem caráter de "leis informais". O Brasil é conhecido pelo "jeitinho", eufemismo que sinaliza a disposição de usar maliciosamente quaisquer meios para alcançar determinados fins.

Em 1976, um comercial dos cigarros Vila Rica inspirou a famigerada "lei de Gérson". Em tempos de legislação ainda frouxa para propagandas de cigarros, o ex-jogador da seleção brasileira de futebol dizia que o importante era "levar vantagem em tudo". Foi o suficiente para simbolizar o ato de se aproveitar de todas as situações em benefício próprio, jogando a ética para escanteio. Essa lei informal ainda continua em vigor em uma sucessão quase infindável de situações. A "caixinha" para o guarda a fim de evitar a multa, não pedir nota fiscal para obter desconto na mercadoria e conseguir recibos de um médico amigo para amenizar o valor do Imposto de Renda são alguns expedientes comuns. Comprar *software* e outros produtos piratas também é uma infração que não pode ser atenuada sob o argumento de que os legítimos são caros.

Mesmo que você não tenha cometido nenhuma dessas modalidades de furto, deve se indignar com o fato de ninguém se incomodar mais por sermos conhecidos como o "país da impunidade". Será que os cristãos têm dado bons exemplos de conduta, ou temos nos omitido também no campo da ética? Será que um país com tantos cristãos não deveria ser diferente? Ao não furtar o que é do próximo, na verdade declaramos que aquilo que conquistamos de forma legítima por meio do nosso trabalho é suficiente para nós, e somos gratos ao Senhor, pois sabemos que ele nos proporciona todas as coisas. Uma vida correta ilustra a confiança de que Deus cuida carinhosamente de nós.

No Sermão do Monte, Jesus nos diz, entre outras realidades, que não devemos viver ansiosos por coisas vãs:

> — Por isso, digo a vocês que não se preocupem com a própria vida, quanto ao que comer ou beber; nem com o corpo, quanto ao que vestir. A vida não é mais importante do que a comida, e o corpo mais importante do que a roupa? Observem as aves do céu: não semeiam, nem colhem, nem armazenam em celeiros. Contudo, o Pai celestial de vocês as alimenta. Vocês não têm muito mais valor do que elas? Quem de vocês, por mais que se preocupe, pode acrescentar uma hora que seja à sua vida?
>
> — Por que vocês se preocupam com roupas? Vejam como crescem os lírios do campo. Eles não trabalham nem tecem. Contudo, digo a vocês que nem Salomão, em todo o seu esplendor, vestiu-se

> como um deles. Se Deus veste assim a erva do campo, que hoje existe e amanhã é lançada no fogo, não vestirá muito mais a vocês, homens de pequena fé? Portanto, não se preocupem, dizendo: "O que comeremos?", "O que beberemos?" ou "O que vestiremos?". Pois os gentios é que correm atrás dessas coisas; mas o Pai celestial de vocês sabe que precisam delas. Busquem, pois, em primeiro lugar o reino de Deus e a sua justiça, e todas essas coisas serão acrescentadas a vocês. Portanto, não se preocupem com o amanhã, pois o amanhã trará as suas próprias preocupações. Bastam a cada dia os seus próprios problemas. (Mateus 6.25-34).

Aceite o convite de Jesus e descanse nos braços de quem promete não deixar faltar nada aos seus filhos. Nele se pode confiar totalmente!

Você conhece o ditado popular "O pai rouba, o filho come, o neto passa fome"? Creio que esse ditado é uma grande lição de vida, um aviso gentil, uma verdade filosofal. Em geral, quando alguém rouba, consegue mais dinheiro e mais bens para ele e para os filhos. O problema é que o filho está vendo essa atitude, e isso acaba deformando seu caráter. Resultado: o neto paga. Às vezes, aliás, o próprio filho já paga, por achar que tirar dos outros funciona e que não é preciso esforço para conquistar algo. Por isso, aprecio muito o texto de Provérbios 11.24: "Há quem dê generosamente e vê aumentar as suas riquezas; outros retêm o que deveriam dar e caem na pobreza".

VOCÊ JÁ SE FURTOU HOJE?

Há outro cuidado importante no que se refere ao oitavo mandamento: não furtar a si mesmo! Assim como não podemos "nos assassinar", também não devemos nos boicotar. Explico melhor: todos os dias, a vida nos oferece diferentes oportunidades. No entanto, temos a tendência de nos acomodar com o que possuímos, desperdiçando chances de aprimoramento em diversas áreas. Acredito que, enquanto estamos vivos, devemos continuar multiplicando os talentos que Deus nos confiou.

Mesmo que você já tenha concluído a universidade, há um sem-número de opções para ampliar o conhecimento em áreas específicas. De história da arte e teologia até cursos que podem funcionar como passatempo, como os de gastronomia e artesanato, certamente há modos variados de desenvolver aptidões e, assim, também fazer novas amizades. Em todas as épocas, o homem apresenta o hábito terrível de procrastinar, deixando sempre tudo para depois. Assim, inúmeros projetos são abandonados, sonhos morrem antes mesmo de nascer e o tempo desperdiçado nunca mais volta.

O início de ano é a época mais comum em que as pessoas fazem planos e estabelecem objetivos em diversas áreas. Infelizmente, as promessas se desvanecem em pouco tempo. Uma pesquisa realizada pela International Stress Management Association (Isma) no Brasil revelou que apenas 19% das pessoas cumprem suas resoluções de ano-novo. Cerca de 30% desistem na primeira semana, e os demais, em um mês. Outro estudo feito pela Universidade de Hertfordshire, no Reino Unido, também apresenta perspectivas desanimadoras: em um grupo de 3 mil pessoas ouvidas no levantamento, apenas 12% alcançaram os objetivos fixados um ano após a promessa.

Não se furte de aproveitar as oportunidades que surgirão em sua vida. Também não abra mão facilmente de projetos em curso. Como disse o poeta Arturo Graf, "a perseverança é a virtude pela qual todas as outras virtudes frutificam".

FELIZ NO MUITO E NO POUCO

O que você tem feito com as bênçãos que Deus lhe tem concedido? A passagem que analisamos do livro de Levítico nos incentiva a sempre deixar algo para os mais necessitados, recomendação que também aparece no livro de Rute, no episódio que relata como os pobres recolhiam as sobras. Você tem se organizado de forma que tenha o suficiente para você mesmo e ainda para ajudar o próximo?

A sobra — ou o lucro, para alguns — não está relacionada a investimentos importantes para a garantia do futuro, como um plano de previdência ou uma eventual poupança destinada à realização de algum sonho. Não que isso seja incorreto. Economizar e investir são práticas importantes e altamente recomendadas. Mas devemos estar atentos a não guardar somente para nós. É necessário dividir e abençoar quem tem pouco ou nada. Não se trata de esmola. Às vezes, podemos ajudar financeiramente alguém, mas também devemos dispor de nosso tempo e nossas experiências para "ensinar os outros a pescar". Somente dar o peixe talvez não seja suficiente para que a pessoa aprenda a não depender o tempo todo da generosidade de terceiros para sobreviver.

Quando não dividimos o que acumulamos (financeiramente ou em experiência), também furtamos do próximo e ajudamos a aumentar a grande desigualdade social, um dos problemas que assolam o mundo e são propulsores da violência e da falta de paz e justiça. Talvez Deus esteja perguntando a você: "Se eu abençoo sua vida com tanto, a ponto de você ter de sobra, por que é egoísta com quem tem pouco? A quem você poderia ajudar?".

Então, vem a pergunta: Por que Deus não abençoa essa outra pessoa também? É uma pergunta egoísta. Afinal, no fundo, quem a faz está querendo deixar Deus cuidar do próximo, quando talvez o que o Senhor queira seja ensiná-lo a fazer isso. É possível que o

Criador deseje desenvolver um coração doador e, com isso, fazer o indivíduo alcançar novos patamares pessoais e as bênçãos que são prometidas a todos os que ajudam o próximo — como é expresso, por exemplo, em Salmos 41.1 e em Provérbios 11.25.

Então, se você tem sobras, não apenas guarde e invista, mas também distribua. Eclesiastes 11.1 diz: "Atire o seu pão sobre as águas; depois de muitos dias você tornará a encontrá-lo". Experimente lançar seu pão sobre as águas, ajudar, distribuir, e você o verá voltar multiplicado depois de algum tempo.

Por outro lado, devemos ser felizes, a despeito do que acumulamos. Na fartura e na escassez. Nossas atitudes são um testemunho importante para aqueles que nos cercam, principalmente os filhos. Se eles percebem que os pais são gananciosos e usam de quaisquer expedientes para conquistar o que desejam, sem repartir nada com ninguém, a tendência é que sigam pelo mesmo caminho.

Deus conhece o nosso coração. Não adianta fingir que estamos felizes e satisfeitos. Se aquilo que nos move é enriquecer e nos aproveitar das situações e das pessoas, isso não passará despercebido ao Senhor. Devemos ter sinceridade, inclusive na hora de admitir que não estamos contentes com a situação, pedindo a Deus que nos ajude a ter um coração agradecido, seja no muito, seja no pouco.

Por fim, é importante observar que, se cometemos um furto, não devemos pôr uma pedra em cima. A reparação do pecado faz parte do aprendizado e da ética cristã. Embora seja difícil, procurar a pessoa lesada, confessar o erro e repará-lo é a atitude daquele que busca ser servo e honrar o nome de Deus de todo o coração. Ao apropriar-se indevidamente do que é do outro, você pode crescer materialmente, mas moralmente vale cada vez menos. Na prática, o furto empobrece você.

DICAS PARA UMA vida melhor

- Viva com o que é seu, não com o que é dos outros.
- Não furte os seus próprios sonhos; vá buscá-los.
- Quem furta os outros um dia pode vir a ser descoberto. Assim como "a mentira tem pernas curtas", o furto também tem.
- Abrir mão de alguns desejos pode ser um ótimo negócio para ter mais tempo, paz e dinheiro.
- Se você pode ajudar alguém e não ajuda, isso é furto.

9º MANDAMENTO

Não dê falso testemunho contra o seu próximo.

Êxodo 20.16

CAPÍTULO 13

Fale sempre o que é bom e verdadeiro

No quinto mandamento, falamos do valor do nome dos pais e da importância de honrarmos seu nome. Agora, somos advertidos em relação ao valor do nome daqueles que nos cercam. Uma palavra proferida não tem volta. Se falar que viu alguém fazer algo que sabe que essa pessoa não fez, não importa o motivo, você faltou com a verdade e poderá prejudicá-la para sempre.

Quase diariamente os juízes deparam com essa situação nos tribunais. Uma das partes faz uma afirmação, a parte contrária contesta e, geralmente, a solução do conflito exigirá o depoimento das testemunhas. Antes do depoimento, o juiz tem a obrigação de instar a testemunha a dizer a verdade, sob pena de ela correr o risco de ser processada pelo crime de falso testemunho (perjúrio). Mesmo assim, em nome da amizade ou de compensações (financeiras ou não), muitas testemunhas mentem descaradamente. Isso dificulta a ação do juiz, pois a falta com a verdade pode conduzir a um erro judiciário. Muitas vezes, a testemunha pode até não mentir, mas omitir a verdade. O peso e as consequências são os mesmos.

Não é só nos tribunais que a omissão da verdade ou o falso testemunho destrói vidas. No nosso dia a dia, somos confrontados com a opção de falar bem ou mal de alguém. De esclarecer um fato ou aumentá-lo. De elogiar uma pessoa ou destruí-la com comentários negativos.

Em inglês, esse mandamento afirma: "You shall not bear false witness against your neighbor". A palavra *neighbor* pode ser traduzida por *próximo* ou *vizinho.* É verdade que o texto original se refere a toda e qualquer pessoa, mas, quando pensamos literalmente no vizinho — aquele que faz barulho de madrugada, coloca o lixo na frente do portão de sua casa ou tem um cachorro que não para de latir —, a coisa fica mais pessoal. Assim, se pensarmos no próximo que está mais perto de nós, talvez fique mais fácil compreender e aplicar o mandamento.

Esse preceito vai além de não dar um falso testemunho *contra* o próximo. Também serve para não mentir *para* o próximo. Ter uma palavra confiável e ser uma pessoa cujas afirmações são dignas de fé tem relação com o terceiro mandamento também. Se você disser sempre a verdade, em algum tempo as pessoas vão confiar mais em você. E isso não tem preço!

Claro, você pode se recusar a falar quando não quiser expor os fatos nem mentir. Por exemplo, alguém lhe pergunta: "Qual é o seu salário?". Você não quer revelar essa informação, mas também não quer faltar com a verdade. A solução é simples: basta se posicionar: "Desculpe-me, mas esse é um assunto particular".

Ou: "Desculpe-me, mas isso não é um assunto que eu fique à vontade para comentar".

Se for para falar a verdade tão somente quando as circunstâncias forem favoráveis, o que fazer quando os ventos forem contrários? Cale-se, omita-se. Se não houver algo bom a falar, você não precisa fazê-lo. As verdades em geral vêm à tona por si mesmas; você não tem que ficar com o ônus de ter posto o tema na mesa. Além disso, sempre existem, em todas as pessoas e situações, um lado bom e um ruim, ambos verdadeiros. Foque o lado bom, fale as coisas boas.

PERGUNTAS IMPORTANTES

No que se refere a dizer a verdade no relacionamento com o próximo, existem alguns questionamentos que precisamos nos fazer constantemente e que nos ajudarão a seguir o mandamento:

- Quantas vezes ficamos calados quando alguém é injustamente acusado, por medo de não nos envolver ou pelo simples desejo de que a pessoa seja prejudicada?
- Quantas vezes suprimimos a verdade em favor de uma pessoa ou contra ela?
- Quantas vezes falamos a verdade fora de hora para um fim indevido (para beneficiar ou prejudicar alguém)?
- Quantas vezes não só acreditamos em fofocas ou boatos, mas também as repassamos, sem apurar a verdade?

Muitas vezes, surpreendo-me cometendo um desses atos prejudiciais. E penso em como não voltar a fazer a mesma coisa. Nesses momentos, lembro-me de uma história da sabedoria popular, que alguns atribuem ao filósofo grego Sócrates, e outros a um acadêmico árabe de Bagdá do século 13. Apesar da difícil comprovação de sua origem, as lições desse relato são muito úteis para combatermos a maledicência.

> Certa pessoa encontrou-se com o sábio e lhe disse:
>
> — Sabe o que acabei de ouvir acerca daquele seu amigo?
>
> — Espere um momento — respondeu o sábio. — Antes que me diga qualquer coisa sobre o meu amigo, gostaria de fazer um pequeno teste, que eu chamo de Teste do Filtro Triplo.
>
> — Filtro Triplo? — surpreendeu-se o outro.
>
> — Isso mesmo — continuou o sábio. — Antes que me diga qualquer coisa sobre o meu amigo, acredito que seja uma boa ideia filtrar três vezes o que vai me dizer. Primeiramente, pelo Filtro da Verdade. Você está absolutamente seguro de que o que me vai dizer é certo?
>
> — Não — disse o homem. — Realmente só ouvi falar sobre isso e...
>
> — Bem — interrompeu o pensador —, então você não sabe se é verdade ou não. Só isso já bastaria para eu não ouvir você. Mas vamos ao segundo filtro, o da Bondade. O que você tem a dizer sobre o meu amigo é algo bom para ele, para mim ou para a cidade?
>
> — Não, pelo contrário, é bem desagradável...
>
> — Então, você quer me contar algo ruim sobre ele, mesmo sem estar certo de que seja verdade? Só para que saiba, se o que você quer falar tivesse passado pelos dois primeiros filtros, ainda assim eu o passaria pelo Filtro da Utilidade. O que você quer contar será útil para mim e para você, vai aumentar

> minha sabedoria ou estima que tenho pelo meu amigo?
>
> — Não, na verdade não.
>
> — Bem — concluiu o sábio —, se o que você veio me contar não foi comprovado, não é bom e também não será útil para ninguém, por que você acha que eu desejaria saber?

EM TODOS OS LUGARES

Em todos os lugares que fazem parte de nossa vida, podemos perceber quanto a fofoca pode ser usada de forma maliciosa. No ambiente profissional, são comuns comentários que, de forma velada ou explícita, diminuem a importância de grandes realizações de um colega que disputa uma promoção com outro. Mesmo passando mais tempo no escritório do que com a família, há pessoas que ainda não atentaram para as consequências terríveis acarretadas por trabalhar em um ambiente ruim e pouco amistoso.

Segundo o consultor de carreiras Max Gehringer, o *marketing* pessoal é um antídoto eficiente para a intriga nas empresas. Com o cuidado de não resvalar na autopromoção exagerada, é necessário divulgar tanto nossas qualidades quanto o que fizemos de bom. Alguém que não é capaz de se alegrar com suas conquistas já sinaliza que nunca será uma pessoa confiável quando você compartilhar seus problemas e frustrações. Cuidado! Eu vou além: sugiro o *marketing* pessoal de terceiros. Fale bem dos outros, de suas qualidades e conquistas. Isso é poderoso.

Existem dezenas de piadas e trocadilhos infames sobre o tema “família”. Sogras e cunhados ocupam lugar de destaque nesse rol um tanto preconceituoso. Será que todas as sogras são desprovidas de bom senso e adoram dar palpites na vida conjugal dos filhos? Tampouco é possível acreditar que todos os cunhados tenham problemas financeiros, peçam dinheiro emprestado e fiquem embriagados em todas as celebrações familiares? Funciona mais nas piadas do que na vida cotidiana.

Na verdade, o terreno familiar mostra-se tristemente fértil para sementes de hostilidade. Basta um comentário maldoso durante a ceia de Natal para frustrar a festa preparada com grande antecedência para o ano-novo. Não bastasse a incapacidade de perdoar — virtude ausente em muitos lares —, apresentamos grande desenvoltura na hora de discorrer sobre os defeitos e as falhas alheias.

Mais uma vez, é preciso alertar que os filhos costumam ser moldados pelo comportamento dos pais. Muitos vexames já aconteceram porque o filho ingenuamente repetiu em público um comentário maldoso que ouviu em casa. As lições mais efetivas são aquelas que transmitimos silenciosamente. O exemplo costuma ser um professor eficaz.

A igreja pode ser chamada popularmente de congregação dos santos. Entretanto, basta lembrar a quantidade de confusões que acontecem dentro dela para perceber o porquê dessa expressão não ser muito lembrada. Sei de comunidades cuja divisão começou com uma simples fofoca e o problema assumiu dimensão tão grande que culminou em cisma. Como sempre acontece, os dois grupos não se falam até hoje, e muita gente tem o coração apodrecido por mágoas e ressentimentos.

Infelizmente, o lugar que deveria ser caracterizado como um ambiente de comunhão e congraçamento é muito receptivo a fofocas e maledicências de todo tipo. O problema não é novo e foi mencionado diversas vezes nas cartas de Paulo no Novo Testamento como presente na igreja do primeiro século.

Vivemos tempos estranhos, em que muitas pessoas vão aos templos como se fossem restaurantes. Reclamam da qualidade da refeição servida, ficam impacientes com eventuais demoras, falam mal das roupas dos outros frequentadores, queixam-se do som alto... e, se entregam o dízimo na igreja, é a contragosto — do mesmo modo que se reclama da taxa de serviço cobrada nos restaurantes.

O assunto é complexo. Assim como devemos pesar aquilo que dizemos para não ofender alguém, também devemos ser transparentes sobre o que falamos. A diferença está no momento em que dizemos algo para destruir uma vida e quando fazemos uma crítica construtiva, em amor. Assim como há pais que levam seus filhos à ira (algo que Paulo adverte que não se deve fazer), há situações que conduzem à maledicência, seja pelo mau testemunho, seja pela ostentação de santidade, para disfarçar uma vida repleta de falhas.

Dita a seu tempo e em amor, a verdade deve produzir crescimento, não trazer traumas ou ressentimentos.

O PODER DO ELOGIO

Se falar mal da vida alheia é fácil, por outro lado poucas pessoas têm o hábito de elogiar. Sempre há o receio de o comentário parecer falsidade ou bajulação, mas o fato é que não refletimos na hora da crítica, contudo pensamos demais na hora de honrar alguém.

Em artigo antológico publicado na revista *Veja* anos atrás, o consultor de empresas Stephen Kanitz usou o termo "validar" como sinônimo de "confirmar que uma pessoa existe, que ela é real, verdadeira, que ela tem valor". Essa é uma prática pouco usual nas empresas, nas famílias e nas igrejas, para citar apenas três dos ambientes

Palavras de
apoio e incentivo
produzem
resultados mais
efetivos e
duradouros do
que críticas
constantes.

contaminados pelo germe contagioso das fofocas. Segundo Kanitz, "a validação permite que pessoas sejam aceitas pelo que realmente são, não pelo que gostaríamos que fossem. Mas, justamente graças à validação, elas começarão a acreditar em si mesmas e crescerão para ser o que queremos".

Está na hora de descobrir que palavras de apoio e incentivo produzem resultados mais efetivos e duradouros do que críticas constantes, ainda que feitas em nome de buscar a "excelência". Milhares de pessoas já foram massacradas em nome do alto padrão de desempenho. Um cumprimento, um sorriso, um elogio ou um abraço tem o poder de motivar não apenas aquele que foi alvo do carinho. Todos ao redor serão alcançados por um gesto simples que deve ser constantemente incentivado.

Para que isso ocorra com mais frequência, alguns ingredientes são necessários: humildade, transparência, amor ao próximo, verdade. Outros precisarão ser eliminados: orgulho, fingimento, individualismo, mentira, vaidade, presunção. Ser verdadeiro consigo mesmo e com o próximo, de forma transparente, é um dos instrumentos mais eficientes para resolver problemas e permitir o crescimento pessoal.

Uma das grandes lições do nono mandamento é a importância de olharmos para nós mesmos antes de falar mal do próximo. Vivemos tempos em que *ter* é mais importante do que *ser*. Quando vemos alguém que tem mais do que nós, a inveja pode nos levar à maledicência. Devemos sempre nos contentar com aquilo que temos ou conquistamos. Mas isso é assunto do próximo capítulo.

DICAS PARA UMA vida melhor

- Fale sempre a verdade, e nunca você será desmentido nem desmoralizado.
- Jogue limpo e, mais cedo ou mais tarde, todos vão querer estar perto de você.
- Elimine as críticas, permitindo-as apenas em níveis mínimos.
- Aprenda a elogiar sinceramente as pessoas.
- Se não tiver algo bom e construtivo a dizer, fique calado.

10º MANDAMENTO

Não cobice a casa do seu próximo.
Não cobice a mulher do seu próximo,
nem o seu servo, nem a sua serva, nem
o seu boi, nem o seu jumento, nem coisa
alguma que pertença ao seu próximo.

Êxodo 20.17

Seja grato pelo que tem

CAPÍTULO 14

O décimo mandamento condensa os que dizem respeito à relação do homem com o próximo. Poderia ainda dizer que, de forma ampliada, resume todo o Decálogo, pois foi justamente ao cobiçar ser como Deus que Satanás caiu em desgraça. Honrar os pais, preservar a vida (das pessoas e do meio ambiente), respeitar a propriedade alheia, respeitar o sexo oposto e valorizar a verdade são atitudes, atos externos, do ser humano.

No décimo mandamento, assim como no anterior, Deus nos apresenta algo que não tem como ser observado externamente, uma vez que se trata de um sentimento que nasce e cresce internamente: a cobiça. A rigor, se não cobiçarmos, não teremos a tentação de furtar, adulterar e, provavelmente, de assassinar (uma vez que a morte física ou da autoestima de outro muitas vezes é causada por algum tipo de inveja).

Esse mandamento é resolvido apenas no plano interno. Em boa parte dos outros, é preciso uma conduta externa reveladora de nossa índole. No caso da cobiça, não: ela acontece dentro de cada um. Além de Deus, apenas nós mesmos podemos saber se desejamos a casa do vizinho, a mulher do amigo, o carro novo do irmão ou o emprego com alto salário do colega que se formou conosco na faculdade. Claro que o simples ato de desejar não é pecado. Você pode almejar um cargo melhor na empresa. Pode desejar adquirir um carro novo. E também pode querer ter uma esposa bonita e companheira (se ainda não tiver uma).

A cobiça nasce do desejo descontrolado, é o querer imoderado e inconfessável de possuir. A partir do momento em que se instaura no coração, nossa atenção, nossos pensamentos e nossos planos serão direcionados para conseguir alguma coisa — ou alguém — sem nos preocuparmos com quais estratégias vamos utilizar.

Em *Verdadeira espiritualidade*, Francis Schaeffer afirma:

> Na verdade, quebramos este último mandamento, o de não cobiçar, antes de quebrarmos qualquer um dos outros. Toda vez que quebramos um dos outros mandamentos de Deus, significa que já violamos esse mandamento, cobiçando. Além disso, significa que sempre que quebramos um dos outros, quebramos este último também.

Schaeffer compara ainda a cobiça com outro sentimento, o amor.

> O amor é interior, não exterior. Poderão existir manifestações exteriores, mas o amor em si sempre será um fator interior. Cobiçar é sempre

> interior; a manifestação exterior será um resultado. Precisamos ver que amar a Deus de todo o coração, mente e alma é não cobiçar contra Deus; e amar o homem, amar nosso próximo como a nós mesmos, é não cobiçar contra o homem.

FICÇÃO OU REALIDADE?

Quando penso no décimo mandamento, lembro-me de dois filmes. O primeiro é *A mão que balança o berço* (1992), com excelente atuação da atriz Rebecca De Mornay no papel da babá Peyton Flanders. Embora a linha condutora do filme seja a vingança, é nítido que, ao cobiçar a posição de mãe, a personagem principal comete as maiores atrocidades para transformar seu desejo em realidade. Isso sem considerar, claro, os possíveis distúrbios de personalidade.

O segundo filme que me vem à mente é *Atração fatal* (1987), com a atuação inesquecível da dupla Michael Douglas e Glenn Close. Douglas faz o papel de Dan Gallagher, advogado que aproveita a viagem de sua mulher para manter um caso extraconjugal com Alex Forrest, personagem de Glenn Close. Quando a esposa retorna, ele resolve interromper o relacionamento paralelo e passa a sofrer com a obsessão da amante em ocupar o lugar de esposa e ter o que a outra possui: casa, família e, principalmente, o marido.

Embora sejam obras de ficção, nos dois casos temos exemplos de pessoas que querem tomar o lugar de alguém, assumir determinado papel, ter o que não têm. Quando cobiçamos, no fundo queremos ser outra pessoa, aquela a quem pertence o que estamos intimamente desejando para nós. O apóstolo Tiago escreve em sua carta:

> De onde vêm as guerras e as brigas que há entre vocês? Não vêm das paixões que guerreiam dentro de vocês? Vocês cobiçam coisas, mas não as têm; matam e invejam, mas não conseguem obter o que desejam. Vivem lutando e fazendo guerras. Não têm, porque não pedem. Pedem, mas não recebem, porque pedem com más intenções, com o fim de gastar nos seus prazeres. (Tiago 4.1-3).

É curioso que poucos invejem o trabalho exaustivo, a dedicação extremada, a renúncia aos prazeres e outros elementos que exigem de nós. É fácil cobiçar ou invejar o que é bom, mas geralmente nos esquecemos de que muito disso teve, ou tem, um custo que poucos estão dispostos a pagar.

O filósofo John Locke disse que a inveja é uma inquietação da mente, causada pelo fato de alguém ter conseguido algo que almejamos antes que nós mesmos o conseguíssemos. Algo como tomar o que nos parece nosso por direito, mas, por um desses acasos inexplicáveis, foi parar nas mãos de terceiros. É um desvio de caráter no qual muitas pessoas resvalam.

Será que recentemente você cobiçou o que não é seu? Não precisa ser algo grande — como a casa, o carro ou mesmo o bom emprego de um amigo — mas qualquer coisa, por menor que seja. Muita gente cobiça até a fama alheia, sem ter a menor ideia de que muitas vezes isso custa um imenso esforço aos famosos, não raro trabalho ininterrupto. Assim, a cobiça restringe-se ao reflexo do sucesso, a despeito do empenho necessário para consegui-lo.

Deus quer livrar seus filhos cobiçosos desse peso tremendo. Assim, lança o desafio para que você converta a cobiça — que é uma atitude negativa — em uma ambição positiva, aquele tipo de força de vontade que funciona como um toque de despertar, um incentivo ao trabalho dedicado para chegar aonde se quer.

Ao fazer escolhas, as pessoas definem qual será seu modelo de vida. Com muito ou pouco dinheiro, devemos aprender a nos sentir realizados e, quando sentirmos falta de algo, lutar de forma honesta para conquistar.

O ANTÍDOTO PARA A COBIÇA

A grande questão com a qual temos de nos defrontar no décimo desafio é sermos felizes com o que somos e temos, sem querer viver a vida dos outros ou possuir o que eles têm. Deus nos convida a sermos gratos pelo que é nosso, mesmo que seja pouco, porque a gratidão nos coloca em lugares em que a ingratidão jamais nos permitiria chegar. A gratidão sincera é, portanto, o mais poderoso antídoto para a cobiça.

Quanto mais somos gratos pelo que conquistamos, menos vamos nos comparar com outras pessoas. Ao contrário, aprenderemos a valorizar e reconhecer os que conquistaram honestamente aquilo que têm.

Por outro lado, é possível ver nas famílias um verdadeiro ciclo da cobiça. É comum filhos praticamente obrigarem os pais a comprar roupas de grife, comer nos restaurantes mais caros (embora a motivação nem sempre seja a comida) e comprar aparelhos eletrônicos de última geração, mesmo quando eles não têm recursos financeiros. Isso acontece na busca de reconhecimento, de ser igual aos amigos. Sob pressão, muitos pais cedem e fazem dívidas monstruosas só para agradar aos filhos, para que eles "não passem vergonha".

Aqui o estabelecimento de limites é uma questão importante. Como, porém, os pais poderão impor limites e dizer *não* se eles mesmos têm no coração a cobiça pela posição ou pelos bens de seus colegas de trabalho, companheiros de igreja, familiares ou vizinhos? Na maior parte das vezes, os filhos são termômetro ou espelho de nossas atitudes. Por isso, os pais devem olhar mais para os filhos, refletindo sobre eventuais erros que cometem, e ver se eles não estão apenas reproduzindo os defeitos que observaram no comportamento dos pais.

Quando se ensina aos filhos o valor da verdadeira gratidão e satisfação, transmitimos que o mais importante é o que somos, não o que temos. Cada vez mais, a sociedade atual tem perdido a noção do valor próprio. Antigamente, homens faziam negócios, e o que afiançava a transação não era uma firma reconhecida, o registro em cartório ou o imóvel de um fiador. Era tudo assinado com o "fio do bigode". O que isso queria dizer? Que um contrato, mesmo verbal, baseava-se na honestidade, na ética, no compromisso da palavra da pessoa, na confiança.

Acredito que isso seja praticamente impossível de acontecer atualmente. Mesmo com todos os cuidados, o Judiciário está abarrotado de pessoas brigando com outras, seja por um trato descumprido, seja por um contrato abusivo. Isso sem citar os órgãos de proteção ao crédito, cujos sistemas possuem listas quase intermináveis de pessoas que não honraram suas dívidas. A compra é feita, o bem é exibido a todos, mas o pagamento não foi efetuado. Alguns ainda acabam passando o vexame de ter o que adquiriram apreendido por um oficial de justiça — mas nem isso os intimida mais.

É preciso que o valor próprio seja recuperado. Deus não se importa com a quantidade de propriedades que temos, com nosso carro zero, nem mesmo com nossas joias e roupas caras. O Senhor vê o nosso coração. Ele sabe que nenhum desses bens é capaz de fazer uma pessoa feliz e que nada disso nos acompanhará na eternidade.

Muitos conquistam inúmeros bens e os ostentam em programas de televisão ou nas revistas de assuntos fúteis. Contudo, por dentro estão vazios, solitários e deprimidos. Alguns põem seu coração nos tesouros conquistados. Quando, por algum motivo, perdem o que têm, veem seu mundo desabar, acreditando que não valem mais nada, já que passam a não ser mais reconhecidos pelos membros da classe social que antigamente os bajulavam.

Enriquecer não é pecado. Na Bíblia, vemos o exemplo de Jó, um homem que foi considerado íntegro pelo próprio Deus. Quando perdeu tudo o que tinha, sua fé não foi abalada. Ele não amaldiçoou Deus, tampouco achou que não tinha mais valor. Entre muitas afirmações contundentes que fez, declarou: "Nu saí do ventre da minha mãe e nu partirei. O Senhor o deu, o Senhor o levou; louvado seja o nome do Senhor" (Jó 1.20).

Outro antídoto para a cobiça é desenvolver a capacidade de amar ao próximo (não apenas em sentimento, mas em ação), treinando a si mesmo para se alegrar quando alguém obtém alguma coisa boa. Esse treino pode levar tempo, mas terminará por nos tornar pessoas diferentes, capazes de apreciar o que o outro tem.

ONDE ESTÁ O SEU CORAÇÃO?

Outra passagem bíblica sempre me vem à mente quando sou atacado pelo desejo de ter algo que vi nas mãos de outras pessoas. Na parábola do rico insensato, Jesus mostra aos seus discípulos onde os nossos olhos e a nossa mente devem estar focados. Deus nos adverte de pôr nosso coração no que é duradouro, não naquilo que perece.

Acompanhe o que Jesus disse a uma multidão quando uma pessoa foi até ele, pedindo-lhe que agisse como juiz e ordenasse que seu irmão dividisse com ele uma herança:

> Então, ele lhes disse:
>
> — Cuidado! Protejam-se contra todo tipo de ganância, porque a vida de um homem não consiste na quantidade dos seus bens.
>
> Contou-lhes, então, esta parábola:
>
> — A terra de certo homem rico produziu muito. Ele pensou consigo mesmo: "O que vou fazer? Não tenho onde armazenar a minha colheita".
>
> — Assim, disse: "Já sei o que vou fazer. Vou derrubar os meus celeiros e construir outros maiores, e ali guardarei toda a minha safra e todos os meus bens. E direi a mim mesmo: 'Você tem grande quantidade de bens, armazenados para muitos anos. Descanse, coma, beba e alegre-se".
>
> — Contudo, Deus lhe disse: "Insensato! Esta mesma noite a sua vida será exigida. Então, quem ficará com o que você preparou?" (Lucas 12.15-20).

Para relembrar outras orientações de Jesus sobre esse assunto, leia também Lucas 12.22-34. O Talmude — livro judaico sagrado, com discussões rabínicas — diz que "rico é quem está satisfeito com o que tem". Ou seja: se você não cobiça, é rico.

Uma pergunta: o que você faria se ganhasse um prêmio de 10 milhões de reais? Ficaria satisfeito? Poria o coração nessa fortuna ou manteria a integridade, a espiritualidade e o respeito ao próximo e a Deus?

Finalmente, outro aspecto desse mandamento é importante para quem considera que já conquistou um bom patrimônio.

Ao mesmo tempo que Deus adverte de não cobiçar o que é do próximo, esse preceito divino é uma garantia de que aquilo que você conquistou honestamente não seja objeto de cobiça dos outros. Assim, se todos, ou a grande maioria, respeitassem esse mandamento, não seria preciso preocupar-se com seus bens, instalar câmeras de segurança e cercas eletrificadas em casa, contratar seguranças armados, instalar alarmes nos carros ou pagar seguros.

A mensagem de Deus é esta: viva a sua vida, seja você mesmo; a felicidade reside justamente em agradecer por tudo o que ele nos oferece, em especial nossa própria identidade — porque você não irá muito longe se não tiver uma identidade bem resolvida. Cada um de nós ocupa uma posição singular na história da criação. Recebemos uma vida e, numa perspectiva meramente humana, podemos fazer com ela o que bem entendermos. Viver esse milagre com a intensidade e gratidão que ele merece é nosso grande desafio!

OS DEZ MANDAMENTOS PARADOXAIS

Uma das características que gosto nos Dez Mandamentos é o fato de focarem decisões pessoais. Viver, cuidar e investir na própria vida. Madre Teresa de Calcutá pendurou um quadro com os chamados "dez mandamentos paradoxais" na parede de seu quarto. Criados pelo advogado Kent M. Keith, estão no livro *Faça a coisa certa, apesar de tudo*[1] e apresentam princípios que podem estimular os leitores a alcançar uma vida melhor. Realçam que nunca nosso grande assunto é com os outros, mesmo quando estamos falando de negócios, perdão, fofoca, adultério ou o que for. É sempre um assunto prioritariamente entre nós e Deus. E, claro, isso nos lembra

---

[1] KEITH, Kent M. *Faça a coisa certa, apesar de tudo.* Rio de Janeiro: Record, 2003.

que a integridade e a honra são atributos pessoais, que ninguém pode nos tomar sem a nossa autorização ou sem se valer de nossos próprios atos.

Segundo a Editora Record, que lançou o livro no Brasil, "as ideias de Keith já viajaram todo o mundo e foram adotadas por instituições como os Escoteiros, o Comitê Paralímpico e por Madre Teresa de Calcutá". Os dez mandamentos paradoxais são:

1. As pessoas são ilógicas, irracionais e egocêntricas. Ame-as, apesar de tudo.
2. Se você fizer o bem, as pessoas o acusarão de ter motivos egoístas ocultos. Faça o bem, apesar de tudo.
3. Se você tiver sucesso, ganhará falsos amigos e inimigos verdadeiros. Busque o sucesso, apesar de tudo.
4. O bem que você faz hoje será esquecido amanhã. Faça o bem, apesar de tudo.
5. A honestidade e a franqueza o tornarão vulnerável. Seja honesto e franco, apesar de tudo.
6. Os maiores homens e mulheres com as maiores ideias podem ser eliminados pelos menores homens e mulheres com a mente mais estreita. Pense grande, apesar de tudo.
7. As pessoas favorecem os oprimidos, mas seguem somente os bem-sucedidos. Lute por alguns oprimidos, apesar de tudo.
8. Aquilo que você passa anos construindo poderá ser destruído da noite para o dia. Construa, apesar de tudo.

9. As pessoas realmente precisam de ajuda, mas poderão atacá-lo se você as ajudar. Ajude as pessoas, apesar de tudo.
10. Dê ao mundo o melhor de você e levará um soco na cara. Dê ao mundo o melhor de você, apesar de tudo.

Veja que, no final das contas, *é entre você e Deus.* Assim, combater a cobiça no seu coração significa demonstrar gratidão ao Senhor e respeito a você mesmo e ao seu próximo. É o primeiro passo para melhorar de vida e proporciona uma extraordinária força moral.

DICAS PARA UMA vida melhor

- Não viva a vida dos outros; viva a sua.
- Sem cobiça, sobra mais dinheiro no final do mês.
- Aprenda a lidar bem com o fato de que Deus também abençoa outras pessoas.

Conclusão

Creio que os Dez mandamentos da Bíblia funcionariam mesmo que Deus não existisse ou mesmo que tivesse criado o mundo e o abandonado. Em minha vida, já pude experimentar a força das posturas e atitudes preconizadas nessa pequena lista de preceitos, dez itens que sobreviveram aos milênios. A religião tradicional e alguns governantes muitas vezes utilizaram o Decálogo como forma de controle social e dominação. Mas o uso equivocado não tira a força do que está presente ali, que, se for seguido, com certeza vai melhorar sua vida e a da sociedade. Os Dez Mandamentos são ótimos e podem produzir vida abundante, com realização e crescimento pessoal.

O Decálogo pode até, por algum tempo, ter sido uma fonte de frustração para você, mas o fato é que ele funciona como uma bússola para encontrar paz, abundância e plenitude. Espero que você também possa desfrutar dos benefícios oferecidos por essa fantástica lista e que este livro tenha de alguma maneira contribuído para isso. Se quiser segui-lo sem o Deus que o redigiu, moralmente será útil mesmo assim. Mas, se perceber esse Deus amoroso e particularmente interessado em sua vida e felicidade, talvez você se torne mais íntimo, mais próximo dele. Que tal? Posso assegurar que o Pai eterno vai apreciar isso, e sua vida será transformada para sempre.

A obediência aos Dez Mandamentos só traz benefícios. Alguém que não furte e não adultere, por exemplo, evitará uma série de problemas. Mas estou absolutamente convencido de que a intenção de Deus Pai é que sigamos suas ordenanças compreendendo o quanto são amorosas. E não apenas no aspecto externo, mas como resultado de uma mudança interna. Quando mudamos para cumprir os mandamentos naturalmente, eles se tornam valores superiores, e nós passamos a ser muito mais parecidos com Deus. Não se trata de aceitar uma religião, mas de aceitar um relacionamento com alguém que, além de conhecer sua história, pode transformá-la.

Não sei se você já se sentiu com fome e sede da compreensão da vontade de Deus para sua vida. Ao pensar na ideia de escrever este livro, confesso que tive um momento de hesitação. O que me ajudou a firmar o propósito foi uma história relacionada ao escritor cristão C. S. Lewis. Certa vez, o irlandês recebeu a seguinte crítica: "O leitor comum não quer saber de teologia; apresente-lhe uma religião simples e prática". Lewis respondeu: "Rejeitei esse conselho. Não subestimo o leitor. Teologia significa 'ciência de Deus' e penso que quem se dispõe a refletir seriamente acerca de Deus gostaria de ter em mãos as ideias mais claras e precisas sobre Deus".[1]

---

[1] Lewis, C. S. *Cristianismo puro e simples*. 3. ed. São Paulo: Martins Fontes, 2009.

A ideia deste livro foi compartilhar uma visão positiva sobre os Dez Mandamentos, sem fugir da teologia, mas também querendo que as ideias e aplicações fossem simples, claras e práticas. Deus deseja que nos permitamos ser únicos, tal como ele nos criou. Diferentes. O Senhor nos quer assim: distintos, realizados, amigos uns dos outros e também dele. O maior desafio, portanto, é o de realmente ser — com todas as nossas potencialidades — individuais e intransferíveis.

Creio que o Pai almeja a paz e a harmonia entre todas as suas criaturas, o que só é possível se cada um de nós viver a sua própria vida, respeitando a si mesmo, aos outros e a tudo o que nos cerca. Ele espera que sejamos capazes de nos alegrar quando outros são abençoados. Isso é sinal claro de maturidade. É ter plena consciência do servir a Deus e aos homens.

Nesse processo, nossos olhos merecem um cuidado especial. Afinal, na maior parte das vezes o pecado começa por aquilo que vemos. Alguns textos da Bíblia confirmam isso, como: "Os olhos são a lâmpada do corpo. Portanto, se os seus olhos forem bons, todo o seu corpo estará cheio de luz. Mas, se os seus olhos forem maus, todo o seu corpo estará cheio de trevas" (Mateus 6.22-23) e "Pois tudo o que há no mundo — o desejo da carne, o desejo dos olhos e a arrogância da vida — não provém do Pai, mas do mundo" (1João 2.16). O fato é que os olhos são a janela da alma.

É interessante que, sem a cobiça, confrontada no último dos Dez Mandamentos, torna-se muito mais fácil cumpri-los. O melhor resumo do Decálogo foi feito por Jesus:

> Um dos mestres da lei aproximou-se e os ouviu discutindo. Percebendo que Jesus lhes dera uma boa resposta, perguntou-lhe:

> — Qual é o mandamento mais importante de todos?
>
> Jesus respondeu:
>
> — O mais importante é este: "Ouça, Israel: o Senhor, o nosso Deus, é o único Senhor. Ame ao Senhor, o seu Deus, com todo o seu coração, com toda a sua alma, com todo o seu entendimento e com todas as suas forças". O segundo é este: Ame ao seu próximo como a você mesmo". Não existe mandamento maior do que estes. (Marcos 12.28-31).

De fato, se alguém ama a Deus e ao próximo como a si mesmo, não entrará em nenhum dos caminhos tortuosos que os Dez Mandamentos procuram prevenir, ou seja, cumprindo fielmente esses dois mandamentos, não existe possibilidade de violar os demais, porque estão intimamente conectados a esses. Repare como a cobiça está ligada aos outros preceitos do Decálogo: se amarmos a Deus, não vamos cobiçar suas funções nem entregá-las a terceiros, assim como não desrespeitaremos seu nome, nem cobiçaremos o tempo reservado para o seu louvor. Não vamos querer ser como deuses, autossuficientes. Tampouco dominar as pessoas e o mundo. E, se não cobiçarmos nada do próximo, não teremos interesse em matar nada dele, nem tomar para nós o que lhe pertence, seja vida, honra, esposa, bens ou dignidade. Se não cobiço o dinheiro, nem a posição, de alguém, não terei necessidade de praticar falso testemunho para conseguir algo que não considero tão valioso a ponto de sacrificar minha integridade pessoal. Em suma, creio que enfrentar a cobiça, em qualquer uma de suas formas, é um excelente caminho para o aperfeiçoamento moral e espiritual.

Cada um de nós pode ser construtor em vez de destruidor. Pode ser um sacerdote da obra divina, espalhando a mensagem de Deus tal como foi dita em toda a sua grandiosidade e em favor de todos. Venha unir-se aos que entenderam a palavra que ecoa ao longo dos milênios. O Senhor desafia seus filhos a viver com ele um relacionamento de intimidade, independentemente das circunstâncias. E de maneira completamente individual. Como, aliás, está bem claro em Êxodo 3.6, quando ele se apresenta a Moisés como "O Deus de Abraão, o Deus de Isaque, o Deus de Jacó". Ele também é o nosso Deus, o seu Deus!

A presença do Criador deve ser um marco em nossa vida.

Deus também se faz conhecido no mundo por meio das nossas experiências. Paulo disse que aqueles que seguem Cristo são "cartas" vivas (2Coríntios 3.2-3). Em tempos de sofisticação no mundo digital, somos "*e-mails* vivos, *posts* vivos, *stories* vivos". Milhões de pessoas precisam descobrir as boas notícias que trazemos! Os dez desafios estão aí. Contudo, só terão valor se deixarem de ser letras impressas em um livro para se tornarem verdade em seu coração e em sua mente.

Da intenção à ação, às vezes há um longo percurso. Portanto, é hora de tomar uma atitude. Em primeiro lugar, deixe suas ansiedades e seus temores nas mãos do Pai. Peça a ele orientação sobre qual a melhor atitude, a melhor palavra. E também não deixe de fazer a sua parte. Da melhor e mais amorosa maneira possível. Olhe à sua volta. Leia as manchetes de jornais e revistas. Assista aos telejornais. Você está satisfeito com o que vê e lê? Você não gostaria que algo mudasse no mundo?

Se sua resposta foi *sim*, lembre-se do que Mohandas (ou Mahatma) Gandhi disse: nós devemos ser a mudança que queremos ver no mundo. Mude a você mesmo, e o mundo todo ficará melhor. E, claro, é de metro quadrado em metro quadrado que se pode transformar o planeta. Você adquirirá uma vida mais plena e abundante e será possuidor de uma extraordinária força moral ao mudar, ser especial, ter valores estáveis e integridade — e seguir os Dez Mandamentos pode contribuir bastante para isso. É essa força que nos segura nos momentos difíceis. Por isso, o sábio Salomão escreveu em Provérbios 10.25: “Passada a tempestade, o ímpio já não existe, mas o justo permanece firme para sempre”.

Grandes mudanças começam com pequenas atitudes. Vivencie os Dez Mandamentos como uma dádiva incomparável e inicie a transformação do mundo, mudando aquilo que é mais difícil: você mesmo! Deus sempre faz a parte dele. A sua, só você pode fazer.

Sobre os autores

WILLIAM DOUGLAS é desembargador federal no Tribunal Regional Federal da 2ª Região (TRF2), professor universitário, mestre em Direito, pós-graduado em Políticas Públicas e Governo e conferencista. Como escritor, integra a Academia Evangélica de Letras do Brasil (AELB), a Academia Niteroiense de Letras (ANL) e é autor de *best-sellers*, entre os quais *Como passar em provas e concursos* e *As 25 leis bíblicas do sucesso*. É casado com Nayara e pai de Fernanda Luísa, Lucas e Samuel.

JUNIOR ROSTIROLA, é autor do *best-seller* Café com Deus Pai, o livro mais vendido do Brasil nos últimos anos, com mais de 10 milhões de cópias. Bacharel e pós-graduado em Teologia Bíblica, superou uma infância marcada por violência e pobreza, transformando sua dor em propósito. Fundador da Associação Escolhi Amar, lidera projetos sociais como orfanatos e centros de recuperação. Casado com Michelle e pai de João Pedro e Isabella, Junior inspira milhões com mensagens de fé, superação e conexão com Deus.